现代慈善改革丛书

丛书主编 / 褚 蓥

何华兵 等 ◎ 著

基层慈善改革创新实践

THE INNOVATION PRACTICE OF
GRASSROOTS CHARITY IN CHINA
—TEN YEARS EXPLORATION OF BAOAN CHARITY
FEDERATION IN SHENZHEN

——深圳市宝安区慈善会十年探索

社会科学文献出版社
SOCIAL SCIENCES ACADEMIC PRESS (CHINA)

现代慈善改革丛书编委会

主　　编　褚蓥
编委会成员（按姓氏拼音排序）

蔡建旺	褚松燕	董文琪	房　涛	何艳玲
胡辉华	刘国玲	刘选国	聂元松	秦国英
时立荣	唐　娟	汪中芳	徐家良	杨思斌
余智晟	张洪华	朱晓红		

深圳市宝安区慈善会

深圳市宝安区慈善会成立于2007年1月18日，于2013年1月9日完成换届，是深圳市首家区级慈善会。从成立至今，深圳市宝安区慈善会共募集善款5.2亿多元，其中本级慈善金1.92亿多元，实施了27个救助项目，共救助区内困难群众4500多人次。

深圳市宝安区慈善会致力于打造"透明慈善""阳光慈善"；坚持扶危济困、助医助残、救急赈灾的宗旨，始终把生活最困难、遭遇最不幸、群众最同情的困难群体作为救助重点；积极发掘社会慈善资源，打造特色慈善文化，不断增强慈善会的软实力。

在深圳市鹏城慈善奖评选活动中，深圳市宝安区慈善会连续两次被授予"慈善组织奖"，是全市唯一两次获此殊荣的区级慈善会。2008年，深圳市宝安区慈善会被授予"抗震救灾捐赠特别奖"，被市民政局授予"深圳市民政系统抗震救灾特别贡献集体"荣誉称号；被区委区政府评为2008~2009年度"精神文明建设先进集体"；被广东省卫生厅、广东省红十字会授予广东省2009~2010年度"无偿献血促进奖"；被深圳市卫人委、深圳市红十字会评为"深圳市无偿献血先进集体"。2011年、2012年和2013年，连续三年被市政府授予"扶贫济困日组织奖"。2012年被评为"深圳市双拥模范单位"。资助驻地困难官兵项目2013年被省评为广东扶贫济困优秀项目。在2016年第三届鹏城慈善奖评选中，深圳市宝安区慈善会荣获"鹏城慈善典范机构"，张洪华会长荣获"鹏城慈善优秀推动者"。

序　言

2017年初，我接到广州市褚蓥老师的邀约，请我替这本新作写一篇序言。我花了数天的时间，仔细地读完了这部作品。这是一群青年学者对一家地方性慈善组织改革实践的总结性研究。虽然他们的理论探索尚处于起步阶段，该书的理论架构也尚不完备，但至少这项研究的方向是值得肯定的，这项探索也是有现实意义的。我也期待他们能在这一全新的研究方向上再做出更多的尝试，产出更多、更好、更成熟的成果。

回顾近几年来中国慈善事业的发展，简直可以用"日新月异"四个字来加以形容。自党的十八大以来，中国慈善事业的改革不断深入，各类创新层出不穷。特别是2016年《慈善法》出台以后，慈善事业从"小慈善"向"大慈善"跃进，不仅慈善事业的范围大为拓宽，慈善组织的运作理念、模式机制等也有了较大变革。在这一宏观格局下，从中央到地方，慈善创新层见迭出。特别是作为改革开放前沿阵地的深圳市，其慈善创新更是势头猛劲。我曾多次到过深圳，深入调研那里的慈善创新情况，感触颇多。想来，宝安区慈善会的改革就是在这一大背景下进行的。

坦率地说，我并没有去过宝安区慈善会，是仅凭手头这部作品才知道它们改革实践的一鳞半爪的。但是，仅凭这些信息已然让我对这项改革有所期待。该书中关于宝安区慈善会慈善文化发展、慈善专业化等改革实践的介绍，是有一定启发性的。我也希望未来能有机会更为近距离地观察这家组织，将它作为一个样本进行深入研究。

由宝安区慈善会这个案例，我还想到未来这类慈善创新在各地或许会越来越多，也应该会越来越接地气。这些创新对于推动中国慈善事业的发展是大有裨益的。所以，我也真心希望各地政府和慈善组织能够把握慈善事业转型的大局势、大趋势，扎实研究，大胆探索，扎实有效地推进这项改革。若如此，中国的慈善事业将能有大发展！

是为序。

杨思斌

2017 年 1 月 9 日于北京

前　言

自 2005 年《政府工作报告》首次提出要支持和发展慈善事业以来，中国的慈善事业经历了一个高速发展时期，慈善机构已成为政府的一个重要补充力量。未来的慈善机构将不只是停留于社会救助，其必将覆盖整个公共服务领域，扮演一个更加重要的角色。在政治、经济和社会转型期，中国慈善事业面临传统慈善与现代慈善的碰撞，不仅要使慈善发挥其社会救助的固有功能，而且要将其融入整个公共服务和社会治理当中。在慈善事业的发展中，我们面临两项任务，即传统慈善和现代慈善发展并重。在中国缺乏慈善事业发展经验的背景下，我们要完成西方国家经过百年才完成的过程，当然就不能按西方路径来塑造中国的慈善事业，我们必须在不断探索中总结经验，走出一条新路。而这条新路应该来源于基层，就如费孝通先生写作《乡土中国》一样，我们必须着眼于基层，寻求中国的社会认知和前进方向。

从 2007 年开始，深圳市宝安区慈善会开始推进慈善事业创新改革的实践。经过十年探索，深圳市宝安区慈善会开创了一条符合中国社会主义特色的基层慈善事业实践路径。为了对其中的历程和相关经验做一个总结，该慈善会发起了对该项内容的研究，并将该项研究主题定为"基层慈善改革创新实践——深圳市宝安区慈善会十年探索"。

深圳市宝安区慈善会召集了几位从事慈善研究的专家学者，对该慈善会进行了为期半年多的专项研究。经过深度讨论，我们一致认为深圳市宝安区慈善会的改革创新很有特色。其发展速度之快、机制运用之灵活、效果之显著、社会影响之大令人惊叹，实为中国慈善组织发展创立了一种新模式，值得在理论层面上进行提炼和总结，并在实践领域中大力推广。最终，我们由六位学者共同组成六个专题研究团队，对慈善会进行了系统的专项研究。这六个团队分别由六位专家领衔，他们分别是广东培正学院何华兵副教授，华南师范大学褚蓥博士后、曾令发副教授和陈景云副教授，中共广州市委党校万玲副教授，暨南大学郑筱婷副教授。我们希望在中国慈善事业蓬勃发展的今天，能够通过深圳市宝安区慈善会这个案例，为大家带来一些经验观察和理论思考，以有益于中国慈善事业的健康发展。

本书撰写的具体分工如下：

第一章，绪论，万玲、何华兵；

第二章，十年发展历程与路径，曾令发、何华兵；

第三章，功能拓展中的社会吸纳，何华兵；

第四章，专业转型下的内部治理改革，陈景云、何华兵；

第五章，专业转型下的募捐拓展，郑筱婷；

第六章，慈善救助中的主导与参与，褚蓥；

第七章，慈善文化下的重构与传播，褚蓥；

第八章，嵌入性社会治理的模式与机制，曾令发、褚蓥；

第九章，结论：慈善会应走向何方？褚蓥、何华兵；

附录，调研提纲与相关制度文件，何华兵。

另外，整个课题的设计、组织和统筹工作由何华兵副教授负责。本项课题的开展，得到了深圳市宝安区慈善会的资助和大力支持，特别是得到了该慈善会张洪华会长、刘国玲秘书长和刘曦光办公室主任的全力支持。同时，要感谢广东培正学院的同事们，特别是经济学系的段芳老师，他们为此书的顺利出版给予了很多帮助。

最后，希望通过我们的一致努力，能够提炼出符合中国基层慈善会改革需要和发展趋势的经验和模式，以推动中国慈善组织健康快速发展，为中国特色社会主义事业的伟大复兴奉献绵薄之力！

何华兵

2016 年 12 月 20 日

于广东广州

目 录
Contents

第一章 绪论 / 001
    一　问题的提出 / 001
    二　国内外相关文献综述 / 005
    三　课题研究的理论基础与相关概念 / 011

第二章 十年发展历程与路径 / 017
    一　发展历程 / 017
    二　发展路径 / 032

第三章 功能拓展中的社会吸纳 / 035
    一　引言 / 035
    二　理论框架 / 036
    三　案例描述 / 038
    四　案例分析 / 044
    五　总结 / 048
    六　延伸讨论 / 049

第四章 专业转型下的内部治理改革 / 051
    一　制定科学合理的章程 / 051
    二　完善职能和机构设置 / 052
    三　推进人事制度改革 / 053
    四　完善各项制度建设 / 054
    五　进行信息披露改革 / 056

六　结语 / 057

第五章　专业转型下的募捐拓展 / 058

一　慈善募捐发展趋势 / 058

二　自成立以来的募捐概况 / 060

三　个人（公众）筹款 / 065

四　企业（家）募款 / 069

五　经验总结 / 073

六　结语 / 074

第六章　慈善救助中的主导与参与 / 076

一　引言 / 076

二　救助体系 / 076

三　改革实践 / 079

四　社会参与 / 081

五　案例讨论 / 083

六　结语 / 085

第七章　慈善文化下的重构与传播 / 086

一　引言 / 086

二　功利化的慈善 / 086

三　慈善文化 / 088

四　项目设计 / 090

五　项目管理 / 092

六　教育实践 / 094

七　讨论 / 099

八　结语 / 102

第八章　嵌入性社会治理的模式与机制 / 103

一　问题的提出 / 103

二　理论框架 / 103

三　嵌入性社会治理：宝安区慈善会的个案分析 / 107

四　结语 / 115

第九章　结论：慈善会应走向何方？／116

附录　调研提纲与相关制度文件／124

　　附录一　调研提纲／124

　　附录二　相关制度文件／137

参考文献／169

第一章 绪论

一 问题的提出

近年来,伴随着改革的稳步推进以及社会结构的不断转型,中国的慈善事业得到了快速的发展。尤其是在2008年南方雪灾、汶川地震等重大自然灾害的刺激推动下,掀起了一阵全民慈善的热潮。在此背景下,慈善事业、慈善组织作为一支独立的力量逐渐进入了公众的视野。

与之相适应,政府对慈善事业以及慈善组织的关注和重视也不断增加,相关政策的调整以及体制改革也紧锣密鼓地推进。自2005年《政府工作报告》首次提出要支持和发展慈善事业以来,慈善工作的重要性及其社会定位日渐明晰。2011年7月15日,民政部发布了《中国慈善事业发展指导纲要(2011—2015年)》,其中对发展慈善事业的指导思想、基本原则、主要目标、重点任务等进行了详细的阐述,为中国慈善事业的深入发展指明了方向。党的十八届三中全会更是明确提出,要正确处理政府和社会的关系,加快实施政社分开。2014年,国务院再次下发《关于促进慈善事业健康发展的指导意见》,提出要推进以社会救助为主体的慈善事业的发展,使慈善事业成为政府的有效补充。

与此同时,《红十字会法》(1993年)、《社会团体登记管理条例》(1998年)、《民办非企业单位登记管理暂行条例》(1998年)、《公益事业捐赠法》(1999年)、《基金会管理条例》(2004年)、《个人所得税法》(2007年)、《企业所得税法》(2007年)等一系列与慈善有关的法律制度也陆续出台,为中国慈善事业以及慈善组织的发展奠定了坚实的制度基础。特别是于2016年9月1日开始施行的《中华人民共和国慈善法》(以下简称《慈善法》),更标志着中国的慈善事业即将进入一个崭新的时代。中国的慈善不再只是一个发挥社会救助功能、扮演公共服务补充角色的"小慈善",而是一个覆盖几乎所有公共服务领域、扮演重要角色的"大慈善"。这意味着,在未来慈善组织将覆盖几乎所有公共服务领域，扮演一个重要的补充性角色。

正是在这种环境的鼓舞与推动下，中国的慈善事业迎来了一个春天。一大批社会组织，特别是公益慈善类组织如雨后春笋般发展起来，其组织规模、数量和社会捐助总量持续走高。据民政部统计，截至2015年底，全国共有社会组织66.2万个，比上年增长了9.2%。其中，社会团体（简称"社团"）共32.9万个，比上年增长6.1%；基金会共4784个，比上年增加667个，增长16.2%；民办非企业单位（简称"民非"）共32.9万个，比上年增长了12.7%（见图1-1）。这些组织在调动社会资源、提供公共服务、开展公益活动、帮扶弱势群体、缓解社会矛盾、增强居民幸福感等方面都发挥了重要的作用。

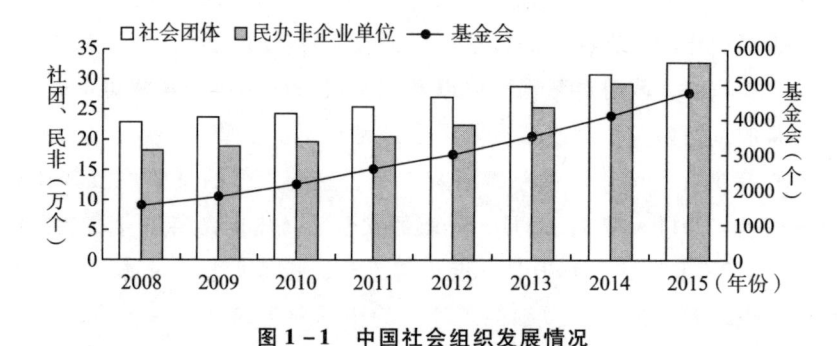

图1-1 中国社会组织发展情况

数据来源：《民政部2015年社会服务发展统计公报》，民政部官方网站，http://www.mca.gov.cn/article/2wgk/mzyw/201607/20160700001136.shtml，最后访问日期，2017年1月1日。

但是，快速成长并不意味着成熟。伴随着经济社会的不断发展，尤其是互联网的快速普及，处于起步阶段的现代慈善事业在后媒体时代，正逐渐面临一系列不确定的危机。特别是在中国慈善事业刚刚迈入第二个十年之际，层出不穷的慈善丑闻，如2009年红十字基金会"小天使"专项基金遭冒领、2011年河南宋庆龄基金会利用善款放贷等事件，更是将慈善组织乃至中国慈善事业推向了冰点，慈善捐赠总量一度下滑（见图1-2）。尤其是2011年6月底发生的"郭美美事件"，就像慈善领域的"多米诺骨牌"一样，引发了一系列负面的连锁反应。① 据相关资料显示，当年6~8月接收

---

① 侯利文：《被困的慈善：慈善组织公信力缺失及其重建》，《天府新论》2015年第1期。

的慈善捐赠数额降幅曾一度达到86.6%。而更为重要的是，在这个过程中，慈善组织作为第三部门的重要组成部分，受到了前所未有的关注。其中，以官办慈善为主的中国传统慈善业更是遭遇了空前的质疑和打击。官办慈善组织行政化色彩浓厚、公信力不足、慈善监督机制缺失等一系列问题的涌现，都使得官办慈善机构到底应该何去何从，成为街头巷尾讨论的热点。

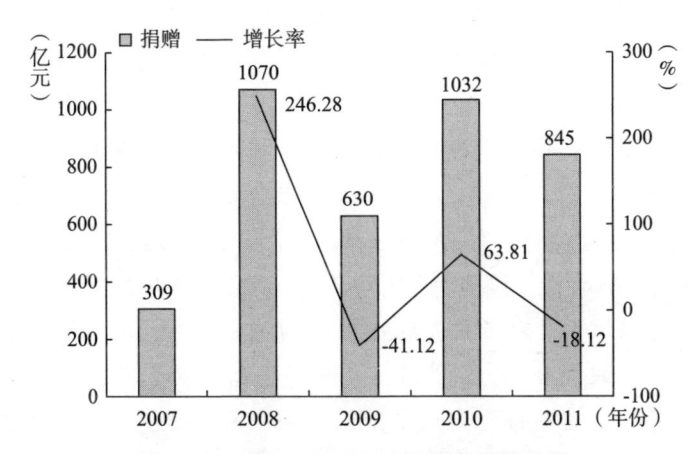

图1-2 2007~2011年中国慈善捐赠总额

资料来源：孟志强、彭建梅、刘佑平主编《2011年度中国慈善捐助报告》，中国社会出版社，2012。

事实上，在全面改革成为中国改革发展主旋律的今天，官办慈善组织改革也势在必行。这不仅是中国社会改革的必然趋势，也是中国慈善组织持续发展的必经之道。众所周知，自党的十八大以来，中国开始全面推动社会层面的治理与改革，这一改革的一个重要环节就是转变政府职能，即从微观的直接管理走向宏观的间接治理。在这一过程中，大量微观的直接的管理工作开始被赋予或委托给合格的社会主体来完成。而在这当中，官办慈善组织承担了其中最为重要的一部分职能。

同时，人们的慈善意识不断提高，自我权利意识不断增强，也使中国的官办慈善组织开始面临更加复杂和多元的生存环境。在新的形势下，官办慈善组织如何以《慈善法》为依归，重新审视自己，从组织理念、内部规章、技术应用等方面进行自我调适，以适应转型期的制度安排、跨越式发展的技术水平以及社会公众对公益事业的期待[①]，无疑是一个重大的课题。

---

① 党生翠：《慈善组织信息公开的新特征：政策研究的视角》，《中国行政管理》2015年第2期。

深圳市作为中国第一个经济特区，在中国改革开放的进程中，一直发挥着"试验田"的作用，曾创下诸多的第一。近年来，深圳市不断优化慈善事业发展环境和制度文件，先后创制并出台了多部公益慈善政策法规，如《关于加快我市慈善事业发展的意见》《深圳经济特区志愿服务条例》《深圳经济特区社会建设促进条例》《关于进一步推进社会组织改革发展的意见》等。此外，还不断改革慈善组织登记管理体制、探索推动"公益慈善+"的发展模式、创新实施品牌慈善项目、塑造特色慈善文化、举办中国公益慈善项目交流展示会等，"政府推动、民间运作、社会参与、各方协作"的公益慈善工作格局逐渐形成，全市公益慈善事业呈现良好的发展态势，并一度领先全国。在第三届"中国城市公益慈善指数"中，深圳综合指数均位列前三，并获得"七星级慈善城市""全国最具爱心和最慷慨的城市""中国慈善推动者"等多个称号。2011年发生郭美美微博炫富事件后，深圳市在慈善领域也开启了官办慈善组织的"去行政化"改革，提出了深圳市慈善会与民政局在职能、人事、财务、资产和办公场地上实行"五分开"的改革策略。这些都有力地助推了深圳市慈善事业从传统慈善向现代慈善、从依赖慈善向自主慈善、从垄断慈善向竞争慈善的转型，慈善组织开始逐渐走向成熟。2015年，深圳市更是率先在宝安区尝试慈善事业改革创新，计划在培育公益慈善组织、打造慈善文化、加强慈善组织专业能力建设、创新慈善募捐形式、加强慈善资金监管五个方面开启一系列相关的探索与变革。而作为宝安区慈善事业的引领者，宝安区慈善会在其中无疑将会扮演更重要的角色。

成立于2007年1月18日的宝安区慈善会，是深圳市首家区级慈善会，曾连续两届荣获深圳市"慈善组织奖"，也是全市唯一两次获此殊荣的区级慈善会。自成立以来，宝安区慈善会在促进宝安区乃至深圳市慈善事业的改革与发展、帮助政府缓解重大危机、维护社会稳定、平衡社会资源、强化受助群体的政治认同等方面都发挥了积极的作用。同时，作为一种典型的官办慈善组织，宝安区慈善会在十年间，始终以改革为抓手，在瞬息万变的社会环境中逆流而上，多管齐下，不断地进行自我革新，走出了一条慈善改革的新路。这也是宝安区慈善会能屹立于时代尖端并充满活力的重要原因。如果在垄断与竞争可能长期并存、虚拟与现实必将相互策应的时代，我们能通过追寻宝安区慈善会改革的轨迹，寻求到其在慈善社会化、市场化的大趋势下，主动顺应社会需求，以慈善组织升级或革命为主题，积极转换角色，改进和完善自身治理结构，实现组织持续发展的新模式，则无疑能为深圳市乃至全国的慈善改革提供可资借鉴的样本。

二　国内外相关文献综述

（一）关于慈善组织的研究

国外对于慈善组织的研究起步较早，虽然不同的理论派别有不同的观点，但大都认同慈善组织的存在是为了服务人群的需要或本质上是"适应"环境的结果。1970年以后，西方国家开始了对慈善组织的大规模研究，而且大多在"非营利组织""非政府组织""第三部门"的话语体系下展开。其中罗伯特·H.布莱纳于1988年修订的《美国慈善事业》较有影响；另外还有2003年劳伦斯·J.弗里德曼和马克·D.迈克加夫主编的《美国历史中的慈善、慈善事业和文明》对美国的慈善事业的发展变化及其历史背景都做了较为全面的介绍和分析。此外，美国约翰·霍普金斯大学的萨拉蒙（Lester M. Salamon）教授主持的非营利组织国际比较项目也非常具有代表性。该项目囊括了40多个国家的非营利组织，其中也涉及作为非营利组织活动领域的慈善组织。在进行了系统的研究后，萨拉蒙归纳出了"非营利组织"的六个基本属性，包括组织性、民间性、非营利性、自治性、志愿性、公益性，这些被视为"非营利组织"属性的权威性概括。[①] 此后，非营利组织在各国迅速地发展了起来。

中国对慈善组织的关注是从20世纪80年代以后，随着改革开放的不断推进和意识形态的逐渐转变才慢慢开始的，但早期的研究主要集中在近代慈善史。例如，王记录的《宋代的慈善机构——慈幼局》、王兴亚的《明代养济院》等，都是中国最早对慈善组织的研究成果。直到90年代以后，学者们对慈善组织的研究才有了更多的视角，其中最典型的要数慈善组织的功能性质与分类研究。例如，康晓光从慈善组织的基本属性出发提出，慈善组织具有非营利性、民间性、正规性和代表性，以及参与性这些本质属性，能承担为社会提供公共财富和动员公众参与两项最基本的职能。冯燕则认为，慈善组织是意识形态组织，它追求信仰效用最大化，并且扮演公

---

① 许姝：《中国官办慈善组织转型研究》，博士学位论文，上海交通大学，2012年。

共服务机制的角色。① 杨团是中国对慈善组织进行分类研究比较有代表性的学者。她根据慈善组织的服务对象，将慈善机构划分为基层社区的慈善组织、中介类慈善组织和服务型慈善组织三种类型。② 郑功成则从动态和静态两个层面对慈善组织进行了划分。按照慈善事业实践环节动态的运作过程，他将慈善组织划分为募捐机构、实施机构与协调机构三种；而按组织所承担的任务或职责，他又认为慈善组织可以划分为混合型公益组织、综合型慈善组织、专一型慈善组织、协调型慈善组织、附属型慈善组织等多种形式。③ 潘屹还对民间组织、慈善组织和非营利组织进行了本质上的区分。他认为，有的社会组织只是开展了一些具有慈善性质的慈善活动，不能笼统地认为他们就属于慈善组织。④ 而北京师范大学公益研究院院长王振耀则将中国的慈善组织分为三大系统，即基金会系统、红十字会系统和慈善会系统。总之，关于慈善组织的分类，按照不同的划分标准，虽有不同的类型，但这些研究无不为我们更好地认识慈善组织奠定了坚实的理论基础。

（二）关于慈善组织与政府的关系研究

慈善组织与政府的关系一直是学者们研究的焦点。国外大多是将这一问题置于第三部门或非营利组织与政府的关系视角中来进行研究的。其中最有代表性的要数约翰·霍普金斯大学的萨拉蒙教授。萨拉蒙与纪德伦（Benjamin Gidron）、克莱默（Ralph Kramer）三位学者以服务经费的提供与授权和实际服务的输送者两个要素为维度，提出了政府与第三部门关系的四种模式，即政府主导模式、双重模式、合作模式和第三部门支配模式（见表1-1）。

表1-1 政府与第三部门关系模型

项　目	模　　式			
功能	政府主导模式	双重模式	合作模式	第三部门支配模式
资金筹措	政府	政府/第三部门	政府	第三部门
服务的提供	政府	政府/第三部门	第三部门	第三部门

资料来源：Benjamin Gidron, Lester M. Salamon, *Government and the Third Sector*, Jossey-Bass Publishers, 1992, p.18.

---

① 康晓光：《转型时期的中国社团》，《中国青年科技》1999年第10期。
② 杨团：《中国慈善机构一瞥》，《中国社会工作》1998年第1期。
③ 郑功成：《现代慈善事业及其在中国的发展》，《学海》2005年第2期。
④ 潘屹：《慈善组织、政府与市场》，《学海》2007年第6期。

萨拉蒙还指出:"无论是志愿部门代替政府,还是政府取代志愿部门,都没有二者之间的合作有意义。"[1] 因此,合作伙伴关系在这四种模式中最重要。丹尼斯·杨(Dennis Young)则运用非营利组织行为的经济学理论来分析,将非营利组织与政府的互动模式归纳为三种,即补充性、互补性与抗衡性。[2] A. 南伽(A. Najam)则提出了政府与非营利组织关系的4C模式,分别是合作型、冲突型、互补性与吸收型。[3] 他还认为,由于政府与非营利组织在理念追求和实践手段上的差异,二者之间不可能存在纯粹的关系类型,它们必然是四种模式中一定程度的混合。J. M. 考斯顿(J. M. Coston)则发展出了政府与非营利组织的八种互动关系类型,包括压制、敌对、竞争、合约、第三方治理、协作、互补和合作模式,并认为合作模式是最佳状态,但是这种最佳状态只有在多元社会中才能实现,而现实中政府与非营利组织的关系主要是压制和敌对模式。[4] 此外,在美国乔尔· J. 奥罗兹的著作《基金会工作权威指南》、贝希·布查尔特·艾德勒的著作《美国慈善法指南》以及里贾纳· E. 赫茨琳杰、威廉· G. 鲍恩等编写的《非营利组织管理》中,均有对美国慈善组织与其政府关系的论述。

相较于国外而言,中国学者对于慈善组织与政府间关系的研究则更多的是将其放置于国家和社会的关系框架下来进行的,而且,对官办与民办两种类型的划分,更是分析中国慈善组织与政府关系的起点和终点。虽然学者们的研究视角各有不同,如有从中国慈善组织的特殊性来认识与政府关系的,有从慈善组织的发展阶段来认识与政府关系的,也有从慈善组织的积极意义来认识与政府关系的,但无不肯定了政府与非营利组织之间的合作互补关系。例如,俞可平教授从治理与善治和国家–公民社会的分析模式出发,论证了民间组织存在的价值就在于推动政府与公民的合作,促进善治。他从宏观理论的角度构建了政治国家与公民社会的一种新型合作

---

[1] 莱斯特·M. 萨拉蒙:《非营利部门的兴起》,何增科译,载于何增科主编《公民社会与第三部门》,社会科学文献出版社,2000。

[2] Dennis R. Young, "Alternative Models of Government-Nonprofit Sector Relations: Theoretical and International Perspectives," *Nonprofit and Voluntary Sector Quarterly*, 2000 (29).

[3] A. Najam, "The Four Cs of Third Sector Government Relations: Cooperation, Confrontation, Complementarity and Cooptation," *Nonprofit Management & Leadership*, 2000 (10).

[4] J. M. Coston, "A Model and Typology of Government-NGO Relationships," *Nonprofit and Voluntary Sector Quarterly*, 1988 (27).

关系。① 贺立平则是通过对半官方社团的研究指出，目前中国政府与社团之间的关系应是一种权力让渡下的拓展关系。② 徐永光对非营利组织与政府的关系也提出了自己的见解。他认为，在政府与社会的权力对比格局中，政府始终处于绝对主导地位，非营利组织还没有能力自主选择和开辟自己的生存空间。因此，在今后的一段时间里，政府与非营利组织的关系格局是"合作"而非"对抗"。③ 刘继同构建了政府与慈善组织关系的四种模型，即父子、主仆、朋友和合作伙伴关系，并认为中国慈善组织的发展必将经历这样一个依附关系逐渐减弱的过程。④ 谢志平博士则在其所著的《关系、限度、制度：转型中国的政府与慈善组织》一书中，以中国"后总体性社会"为研究背景，探究了政府与慈善组织的关系，认为它们在"非对称性的组织权能"限度下，保持着"支配性功能协作"的关系模式，并对二者关系模式改进提出了"从政府选择到社会选择"的制度安排。

总之，无论是哪一种观点，都反映了在中国现阶段，政府与慈善组织之间将长期体现为一种建立在依附式基础上的合作关系，而慈善组织也无疑将会发挥越来越大的作用。

（三）关于慈善组织改革与发展问题的研究

与国外不同，中国的慈善组织有着特殊的起源，即中国的慈善组织最早是在政府的强势引导之下成立并成长起来的，因此，从组织建构到募捐宣传再到救济活动的开展等，无不体现出了政府对慈善组织的影响。随着社会的快速发展，慈善组织的弊端日渐暴露出来，于是，关于慈善组织日后发展趋向、慈善组织尤其是官办慈善组织转型的研究就成为中国学术界研究的焦点。

1. 慈善组织"去行政化"研究

对相关问题的研究主要是围绕慈善组织行政化表现、行政化成因、去行政化的必要性以及去行政化方式展开的。对于行政化的表现，学者们一般从其产生机制、运行机制等角度分析。对于行政化的成因，贾西津和王

---

① 俞可平：《中国公民社会的制度环境》，北京大学出版社，2006，第158~161页。
② 贺立平：《让渡空间与拓展空间——政府职能转变中的半官方社团研究》，中国社会科学出版社，2007，第45~48页。
③ 徐永光：《中国第三部门的现实处境及我们的任务》，载中国青少年发展基金会编《中国青少年发展基金会：处于十字路口的中国社团》，天津人民出版社，2001，第5页。
④ 刘继同：《转型期中国政府与慈善机构关系的战略转变》，《甘肃理论学刊》2007年第1期。

名认为是由于"社会转型中基本价值与制度构建的双重缺陷"造成的。① 王云则从改革、利益和制度三个视角逐步进行了分析。对于慈善组织"去行政化"的方式，一般从法律安排、制度安排和物质安排以及文化的角度加以分析。例如，罗文恩认为，要去行政化，便需要走向市场化。由此，他在对中国红十字基金会、中国扶贫基金会等案例进行研究之后，提出了中国官办慈善组织市场化改革的四项举措，即人事制度变革、引进企业化管理模式、塑造项目和组织品牌。② 总的来说，大家都认为慈善组织"去行政化"是一个系统工程，应该从多个方面着手才能取得成效。

2. 慈善组织转型研究

在"去行政化"的基础上，关于慈善组织转型问题的研究成果也开始不断涌现出来。例如，清华大学王名教授的《中国第三部门之路》《探索中国公益事业发展趋势》《中国社团改革：从政府选择到社会选择》，清华大学邓国胜教授的《中国慈善事业发展现状、问题与对策》《官办慈善组织会阻碍中国慈善事业发展》，王振耀的《当代中国慈善事业：现状、路径、前景》《2012，慈善事业大转型》，舒圣祥的《官办慈善需要向民办慈善过渡》，李莉、陈秀峰的《透析我国"官办"型公益基金会体制特性及其改革的现实选择》等理论成果都从宏观和微观的角度重点探讨了中国社团改革的政策选择方向和组织变革机制，为建立既有中国特色又与国际接轨的中国非政府组织理论体系奠定了基础。③ 此外，徐家良在基于多案例对比的基础上，提出了政府型慈善组织转型的三重路径，即社会化、企业化、市场化。其中，社会化是指"政府型慈善组织扯断与政府的制度性关联"，是"网络结构性路径"；企业化是指"慈善组织运作按照企业的方式进行管理，是"组织机制性路径"；而市场化是指"通过商品买卖、投融资等营利的方式进行运作"，是"组织增能性路径"。褚蓥在对中国地方实践进行分析后，提出了"四位一体"的现代慈善事业创新改革策略：社会化、市场化、法制化和效能化。谢志平的《关系、限度、制度：转型中国的政府与慈善组织》，从政府与第三部门关系的宏观层面，专门研究了政府与慈善组织的关系及其制度，并对中国慈善组织的发展源流进行了梳理与分析。

---

① 贾西津、王名：《中国 NGO 的发展分析》，《管理世界》2008 年第 2 期。
② 罗文恩、周延风：《中国慈善组织市场化研究——背景、模式与路径》，《管理世界》2010年第 12 期。
③ 许姝：《中国官办慈善组织转型研究》，上海交通大学，博士学位论文，2012 年。

（四）文献述评

当前，随着中国社会转型的不断推进，慈善组织的转型发展已成为一种必然的趋势。无论是从理论层面还是从现实层面来看，对其开展研究都有着极其重要的理论意义和实践价值。

首先，从理论层面来看，慈善现象相较于政治、经济与文化现象而言有其特殊性，有可能成为社会科学领域新的研究点。

其次，从现实层面来看，转型期中国的慈善组织发展仍面临诸多实践困境和难题，揭示和解释这种实践困境和原因并寻求破解之路，必然有助于促进中国慈善事业及慈善组织的健康发展。

综观国内外的研究文献，其中不仅有对慈善组织的性质、功能以及类型的研究，也有对慈善组织与政府关系的探讨，更有对慈善组织改革转型及未来发展走向的预期与设想。这些内容不可谓不系统、详尽，且由于经济学、政治学、心理学以及社会学等主要学科的交叉介入，已形成了诸多的研究范式和研究脉络，都为我们今天的研究奠定了坚实的理论基础。

但是，尽管已有的研究成果作用显著，但仍存不足。

第一，国外的研究成果虽形成了比较成熟的研究范式和框架，给我们研究中国的慈善组织提供了一定的参考和借鉴，但因为中西社会土壤的差异，西方的理论并不能与中国独特的政治经济环境相匹配，因此仍不足以解释中国慈善组织的产生和运作。我们对中国慈善组织的研究应立足于对机构实际运营情况及中国体制机制特点的结合与把握。

第二，国内的研究成果大多属于舶来品，而且多以宏观的对比研究或地方经验总结为主，针对地方慈善会发展问题的研究尚少，更缺乏对研究对象内部实践的解释，因此难以产生指导实践的影响力。

第三，虽然中国已有一些学者对官办慈善组织去行政化问题进行了关注和研究，但相关的文献仍非常缺乏，而且其中大多是对行政化问题的泛泛之谈，很少有具体的个案研究。

而慈善会恰恰都能够提供相关研究的素材。所以，本项研究特地选取了深圳市宝安区慈善会作为研究对象。我们希望通过对宝安区慈善会十年的成长之路的观察，从其产生、发展与改革的过程去感知中国慈善组织独特的生存环境和政治生态，并通过对其内部运营、外部合作、理念教育与社会治理等状况进行梳理与解读，从而提炼出其不断发展与成熟的轨迹和动因。最终，我们希望能为中国慈善组织的良性发展与持续变革提供可资参考的路径。

三 课题研究的理论基础与相关概念

（一）理论基础

1. 市场失灵与政府失灵理论

市场失灵说和政府失灵说是美国经济学家伯顿·韦斯布罗德在1974年提出来的。他利用供给-需求的分析范式，对非营利组织存在的必要性进行了论证。他认为，政府和市场都是满足个人需求的手段。其中，市场虽然是资源配置的最佳场所，但在提供公共物品上会存在失灵。同时，由于政府对公共物品的提供是依靠政治决策过程决定的，而投票结果往往会更多地反映中位选民的需求，因此留下了大量对公共物品需求不满的群体。这些群体势必会寻求其他替代性选择，如移民、形成较低层次的政府、求助于私人市场或求助于非营利组织等。韦斯布罗德通过对前三个选择进行论证，认为这些机制都不足以解决不满意群体的需求，这就为非营利组织的形成及其功能的发挥提供了空间（见图1-3）。[①] 市场失灵理论和政府失灵理论解释了第三部门作为市场和政府之外的制度形式存在的必要性，说明了政府和第三部门在公共物品提供方面的互补关系。

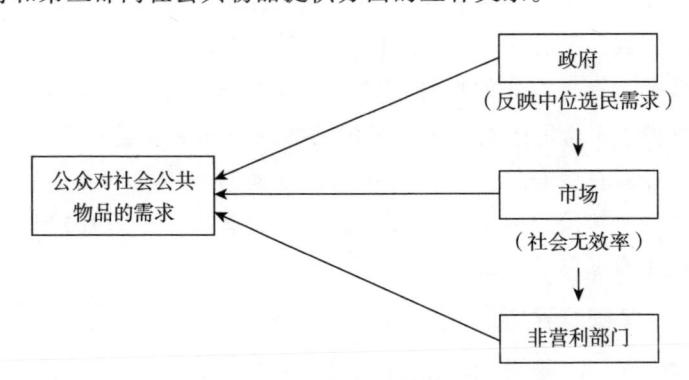

图1-3 韦斯布罗德的分析逻辑

资料来源：田凯：《西方非营利组织理论述评》，《中国行政管理》2003年第6期。

[①] 吴昊：《中国慈善组织的模式分析与发展道路研究》，硕士学位论文，浙江大学，2013年。

2. 合约失灵理论

合约失灵理论是由美国经济学家亨利·汉斯曼以制度经济理论为基础而构建起来的。该理论主要是用来解释在提供公共物品方面，在市场机制和非营利组织之间为什么会选择后者的原因。他认为，在现实生活中，消费者和产品生产者之间不可避免地会存在信息不对称的问题。当消费者和服务提供者之间存在信息不对称时，作为追求利润最大化的理性经济人，营利组织就有可能利用自己的优势地位来欺骗消费者，从而使消费者蒙受损失。在这种情况下，双方往往不能达成最优的契约，即使契约达成，也很难实施，这就是所谓的合约失灵。而非营利组织则不同，因为非营利组织存在非分配约束，即非营利组织不能把获得的净收入分配给某个人，而是必须完全保留，用于组织的进一步发展，因此缺乏利用信息优势牟利的动机，欺诈行为也就自然会少很多，就不容易产生合约失灵。这也正是非营利组织存在的价值。

3. 志愿失灵理论

志愿失灵理论是由美国公共政策和非营利组织专家萨拉蒙提出来的。他认为，非营利组织固然可以行使某些积极的功能，但也并不是完美的，也会产生"志愿失灵"的现象。其主要表现如下：第一是由于对公共物品的需求量很大，而且有"搭便车"现象，因此非营利组织对慈善的供给可能会出现不足；第二是慈善的特殊主义，即志愿组织不一定能够覆盖所有特殊群体的需求；第三是慈善组织的家长式作风，即那些控制着慈善资源的人往往会根据自己的偏好来决定提供什么样的服务，而忽略了社区需求，由此会导致穷人真正需要的服务供给不足；第四是慈善的业余主义，即志愿组织往往由于资金的限制，无法提供足够的报酬来吸引专业人员的加入，这些工作只好由有爱心的业余人员来做，从而影响服务的质量。志愿失灵理论为政府对慈善组织的适当介入提供了一种解释，也为政府与慈善组织之间的关系建构提供了依据。

（二）相关概念界定

1. 慈善

"慈善"在英文中有"Charity"和"Philanthropy"这两个对应的词。"Charity"最早是出现在拉丁文中，有善心、博爱之意；而"Philanthropy"则起源于希腊文，意味着宽容、慈善事业或一种善意的行为，如个人对公共物品的捐赠或教会对饥民、患者以及贫苦人群的救助等。相比而言，

"Philanthropy"比"Charity"的内涵要更加丰富，外延也更宽泛。在中国，关于慈善的概念，古已有之。从语源学上看，最初，"慈"与"善"两个字是分开使用的。其中，"慈"有三层意思：在《辞海》中，第一层意思本指父母的爱，引申为怜爱之心；第二层意思指对父母的孝敬奉养；第三是慈母的简称，多用以自称其母，如家慈。"善"也有三层意思：一是指善良、美好，二是指友好、意善，三是指爱惜。可见，慈与善这两个字是有一定区别的，但是在之后长期的演进过程中，两者的意思逐渐接近，均包含有仁慈、善良、富有同情心的意思。

可见，无论是在西方还是在中国，作为一种意识和文化的慈善都具有共通的意思，即慈善是一种美德、善行和爱心，是发自内心的一种对他人的爱。这种对他人之爱，既是一种动机，也是一种观念；既是一种行为，也是一种事业。[1] 当然，随着时代的不断发展，不同文化背景下的慈善理念与行为开始相互交流、沟通并相互借鉴。现代意义上的慈善也有了更加丰富的内涵。与传统意义上的慈善相比，它更具有平等性、无私性和开放性，即慈善不再是一种上对下的恩赐、富对贫的施舍，而是一种平等的互助行为，进而发展为一项稳定、持续的组织化活动。因此，我们可以将慈善的概念界定为：出于爱心或同情心，在自愿的基础上为需要帮助的人无偿提供钱、物或服务的行为。本书中的慈善就是在此基础上形成的，特指公众以捐赠物款、志愿服务等形式奉献社会、关爱他人的志愿行为。

2. 慈善事业

如果说慈善更多的是指具体的慈善理念和行为，那么慈善事业则是指一种经常化、组织化、社会化、制度化的慈善行为。正如郑功成所述，慈善事业不同于一般慈善行为，就在于它是以慈善组织为实施主体，以救助特定群体或特定标的为目的，按照既定的操作规范、制度或原则实施的长久的社会化行为。[2] 例如，在某次自然灾害后，个人、企业或社会团体纷纷捐款捐物参与救灾，是一种慈善行为，但并不是慈善事业，如果把这种慈善行为经常化、组织化、制度化，则就成为慈善事业。张奇林在探究慈善的本质内涵时也提出，慈善事业是一个历史范畴。尽管关于慈善事业的起源有不同的说法，慈善事业在不同的社会形态和社会制度下有不同的表现

---

[1] 周秋光、曾桂林：《中国慈善简史》，人民出版社，2006，第3页。
[2] 郑功成：《现代慈善事业及其在中国的发展》，《学海》2005年第2期。

形式，但从本质上讲，慈善事业是一种救济行为，施惠者与受惠者是慈善事业的两个基本要素，这对不同时代和不同民族的慈善事业来说，具有普遍意义。总之，现代慈善事业就是指建立在社会捐献基础之上的民营社会性救助事业。它一般包含了三层意思：首先，捐献为慈善事业的立身之本；其次，慈善事业是民营事业；最后，慈善事业是社会化事业。同时，慈善事业的特征和本质规律还可以概括为如下六个方面：一是以社会成员的善爱之心为道德基础，二是以贫富差别的存在为社会基础，三是以社会捐献为经济基础，四是以民营机构为组织基础，五是以捐献者的意愿为实施基础，六是以社会成员的普遍参与为发展基础。

3. 慈善组织

慈善组织是慈善活动的实施主体，是慈善事业的组织依托和赖以存在、发展的机制保障。但是，关于如何界定慈善组织，至今并没有一个统一的定义。目前西方流行的广义慈善组织，是指一个拥有资产的、非营利的、非政府的组织，它们或直接从事，或通过向其他非营利组织拨款来资助慈善、教育以及其他公益活动。美国则以《国内税收法典》中的相关条款为依据，将慈善组织定义为自身收入无须纳税，而且其捐助者因其捐助而享受税收减免的组织，分为公共慈善组织和私人基金会两种。其他发达国家，如英国、新加坡等则从其他角度对慈善组织进行了定义。英国特别强调慈善组织的公益性。在2011年修改后的《慈善法》中，英国将慈善组织认定为为慈善目的而建立，并且在司法权方面接受高等法院管辖的组织，包括法人组织和非法人组织两种形态。① 而俄罗斯的《慈善活动和慈善组织法》则强调慈善组织实施活动的公益目的及其非政府性和非商业性，诸如社会组织（社会联合组织）、基金会甚至事业单位等都可以成为慈善组织的组织形式。

国内慈善组织的概念在《慈善法》出台之前并没有统一的界定。1996年，民政部颁布《关于在社会救助工作中充分发挥慈善组织作用的通知》，将"慈善组织"规定为"帮助社会上不幸的个人和困难群体，开展多种形式的社会救助工作的社会团体"。1999年《公益事业捐赠法》中虽然使用了"慈善组织"一词，但是并没有明确什么是慈善组织，而是将慈善组织和基金会并列作为公益性社会团体的两种类型。由于缺少国家层面的法律界定，学者们关于慈善组织的认识也是仁者见仁，智者见智，往往把慈善组织与

---

① 王名、李勇、黄浩明：《英国非营利组织》，社会科学文献出版社，2009，第100~102页。

民间组织、非营利组织、非政府组织、社会团体、民办非企业单位、基金会以及第三部门等放在一起讨论，这也在一定程度上说明了学者们对慈善组织的定义并未形成共识，大家都从不同的角度对慈善组织进行了界定。例如，孟令君认为，慈善组织或慈善机构是指以从事慈善活动为其组织使命的民间组织，包括社会团体、民办非企业单位、基金会和未注册的草根组织等。梁文则以慈善组织的功能作为切入点，将慈善组织界定为社会公众建立在自愿基础上对社会弱势群体进行无偿救助行为的总和，它通过合法的组织形式，根据特定的弱势群体需要，集聚并配置社会资源。在捐助人和受益人之间，社会服务组织起着组织和连接作用，其形式是运用捐助的资源服务于受益人，既有中介性，也有服务性。慈善组织便是这种中介性和服务性的组织机构。何兰萍、陈通则认为，慈善组织是指以社会弱势群体为服务对象，以社会慈善资源为服务载体，以社会慈善活动为服务内容的公益性、民间性和非营利性的专业团体和组织。

不论如何，虽然目前学者们对慈善组织的理解各有不同，但总体而言，学者们都承认慈善组织就是那些在政府之外的从事慈善活动的具有非营利性质的组织，其组织目标是实现社会公益。这一点与《慈善法》中的规定无疑不谋而合。在《慈善法》中，慈善组织被明确界定为依法成立，以面向社会开展慈善活动为宗旨的非营利性组织。或者，更具体一点来说，所谓慈善组织就是指那些具有法人资格，由公民自愿组成，独立于政府组织之外，以向有需要的社会弱势群体提供慈善资源的非营利性、非政治性的团体和组织。它一般具有志愿性、民间性和非营利性等特征，在组织形式上可以采取基金会、社会团体、社会服务机构等多种组织形式。

4. 慈善组织的类别

对慈善组织的分类，大致有两种分法。

（1）根据组织形式分类。在《慈善法》出台前的法律文件中，都将社会团体、基金会和民办非企业单位作为中国慈善组织的三种组织形式。《慈善法》出台后，对基金会、慈善公益类社会团体两种既有的慈善组织类型予以了保留，而用"社会服务机构"代替了"民办非企业单位"。其具体内涵如下。

其一，基金会。《基金会管理条例》明确规定了基金会是利用捐赠财产从事公益事业的社会组织，包括公募基金会和非公募基金会。这与《慈善法》所采用的大慈善概念不谋而合，所以对于基金会作为慈善组织的基本形态，社会共识度较高。

其二，社会团体。社会团体是由公民或企事业单位自愿组成、按照章程开展活动的社会组织，包括行业性社团、学术性社团、专业性社团和联合性社团。社会团体分为互益类和公益类，其中，互益类社团以服务会员利益为宗旨，公益类社团则以开展慈善公益活动为宗旨。

其三，社会服务机构。社会服务机构是《慈善法》规定的一种慈善组织形式，取代了中国社会组织制度中的"民办非企业单位"。其理由是：第一，"民办非企业单位"是一个以否定方式进行定义的内涵混乱、外延模糊的概念。从字面上理解，基金会和社会团体大都属于"民办"的，也属于"非企业"，但是，法律上的"民办非企业单位"并没有包括基金会和社会团体。第二，在实践中一些民办非企业单位往往以公益自居却不接受利润分配限制的约束，给慈善事业的发展带来了诸多负面的影响。使用"社会服务机构"旨在突出其公益性，强调其要遵守非营利性原则。第三，把"社会服务机构"作为慈善组织的组织形式能够为服务性社会组织依法登记或认定为慈善组织并进行慈善税收优惠资格认定提供法律依据，有利于培育服务型慈善组织的发展，弥补政府公共服务的不足并带动更多的社会资源参与公共服务的提供。[①]

（2）根据发育路径分类。根据发育路径的不同，可以将慈善组织划分成官办慈善组织和民间慈善组织。官办慈善组织一般是由政府自上而下发起的组织，是享有政府人员编制、待遇和一定资源的体制内慈善机构，如中华慈善总会、中国红十字会总会、中国青少年发展基金会等，其资金来源大多是公共财政，具有很强的社会管理功能。官办慈善组织拥有合法的社团身份和公共筹资许可，可以寻求商业资助，往往不完全具备非营利组织的自治性和民间性。而民间慈善组织则通常是完全由民间力量自下而上自发形成的体制外慈善组织，如"壹基金"、南都公益基金会等。与官办慈善组织相比，它们没有政府背景，而且规模通常较小，慈善动员能力较弱，其资源大多来自民间运作。但是，它们更贴近基层，更了解群众需求，能更灵活地开展活动，因此往往承担了重要的慈善功能，并且有很大的发展空间。

本书的研究对象——深圳市宝安区慈善会，就是经深圳市宝安区民政局核准登记注册的慈善组织，是典型的官办慈善组织。

[①] 杨思斌、李佩瑶：《慈善组织的概念界定、制度创新与实施前瞻》，《河北大学学报》（哲学社会科学版）2016年第9期。

第二章 十年发展历程与路径

深圳市宝安区慈善会自2007年成立以来，致力于打造"阳光慈善"和"透明慈善"，让慈善助人在深圳宝安区蔚然成风，慈善会也获得各级政府与社会的好评。2008年宝安区慈善会被授予"抗震救灾捐赠特别奖"，被市民政局授予"深圳市民政系统抗震救灾特别贡献集体"荣誉称号，2009年被区委区政府评为2008~2009年度"精神文明建设先进集体"，2010年被广东省卫生厅、广东省红十字会授予广东省2009~2010年度"无偿献血促进奖"，并被深圳市卫人委、深圳市红十字会评为"深圳市无偿献血先进集体"。此外2011年、2012年和2013年该慈善会连续三年被市政府授予"扶贫济困日组织奖"，2012年被评为"深圳市双拥模范单位"，2013年宝安慈善资助驻地困难官兵项目被评为广东省扶贫济困优秀项目。2016年在第三届鹏城慈善奖评选中，宝安区慈善会荣获"鹏城慈善典范机构"，张洪华会长荣获"推动者之公益支持奖"。该慈善会能够取得这些成绩，一方面同自身的运营管理有关，另一方面也同宝安区党和政府的支持密切相关。

一 发展历程

慈善会成立十年来的发展大致可以分为两个时期。

第一个阶段从2007年至2012年。这个时期为探索阶段，是深圳市宝安区慈善会从初创到成长的一个过程，主要探索区级慈善会如何进行管理、怎样进行资金的筹措和使用、如何在社会治理中发挥社会治理的功能。

第二个阶段从2013年到现在。这个时期是发展阶段，主要是探索区级慈善会在新的历史时期和新的社会背景之下如何进一步发展，如何适应信息化、多元化时代，使区级慈善会成为社会治理长效机制中的重要一环。

（一）探索时期

2006年宝安区四届一次党代会报告和区四届一次人代会的政府工作报告明确要求成立宝安区慈善会。经过宝安区委常委会讨论，决定成立宝安区慈善会，由原区人大常委会主任何植洪和原区委副书记、区纪委书记张文枢作为区慈善会的会长、常务副会长人选，负责区慈善会的筹备工作。2007年1月18日，在区委区政府的推动下，宝安区慈善会成立。

在这一阶段，深圳市宝安区共开展了如下几项工作。

1. 管理制度的构建

在这一阶段，深圳市宝安区慈善会开展了管理制度建设工作，其中包括如下几项工作。

首先，本着高效、廉洁的原则，深圳市宝安区慈善会制定了《宝安区慈善会章程》和《宝安区慈善会财务管理制度》，这两个制度文本奠定了宝安区慈善会运行管理的制度基础。根据这两个制度文本，宝安区慈善会确立慈善金的封闭式管理原则和年度审计原则。封闭管理原则是指所有的慈善捐款全部进入一个单独的银行账号，这部分资金除用于各种慈善项目外，不得用于其他任何方面的支出。慈善会的日常管理资金由宝安区财政全额拨款，进入另一个银行账号，慈善会的人员工资、福利以及培训等日常管理费用只能使用财政资金，不能动用慈善捐助资金。会员所缴纳的费用也是存入一个专门的账户，在2010年之前会员的会费主要是作为捐赠的企业家之间联系和交流的活动费用，2010年后所有的会员活动经费由财政拨款，会员费用也作为慈善资金。年度审计原则就是要求慈善会每年将审计报告在《宝安日报》和宝安区慈善网站上公开，接受社会监督；同时公开的还包括救助对象名单，以此实现慈善的阳光化和透明化，增强慈善会的社会公信力。

其次，通过项目救助的方式进行救助，制定了各项目救助管理办法，实现了救助的制度化。根据宝安区的实际情况，慈善会把生活最困难、遭遇最不幸、群众最同情的苦难群体作为救助重点，确定户籍困难居民重大疾病救助项目、劳务工重大疾病救助项目、驻地困难官兵救助项目、自然灾害和突发重大事故救助项目等11个救助项目，并先后制定了《关于资助户籍困难居民重大疾病医疗暂行办法》《关于资助劳务工重大疾病医疗暂行办法》《关于自然灾害和突发性重大事故救助暂行办法》《关于资助驻地困难官兵试行办法》等多个管理办法。根据各类救助项目的管理办法，所有的慈善救助对象必须提供相应的材料。所有的慈善救助行为是否符合，必须以救助对象提供的材料为准。能否救助、救助的金额是多少完全依据其提供的材料，避免了人情救助、关系救助、熟人救助等行为，保证了慈善行为的公益性。

最后，建立了慈善救助的三级审批和集体审批制度，防止了慈善金使用的随意性和弄虚作假现象，实行社区工作站、街道办事处和区慈善会三级审批制度，不断完善申请、审批和资金发放程序。在社区工作者层级，由社区工作者负责收集和审核资料、指导申请人完成申请表并进行初步核查。在街道办事处层级，街道办工作人员对申请人的资料进行复核，复核无误后将申请人的资料送交慈善会。在慈善会审批这个层次，则采取集体审批制度，而不是由慈善会某个个人进行审批。根据《深圳市宝安区慈善会财务管理制度》的规定，使用不定向慈善资金200万元（含本数）以下由会长办公会审批，200万元以上至500万元（含本数）以下由常务理事会审批，500万元以上经理事会通过后方可使用。

2. 慈善资金的募集

在这一阶段，慈善会积极挖掘社会慈善资源，动员社会参与，多渠道募集慈善资金。具体而言，包括如下工作。

其一，政府财政直接支持。慈善会成立之初，宝安区直接拨款990万元财政资金作为慈善会的创始基金。

其二，采取行政动员的方式募集资金。由市委市政府动员政府有关部门和人员积极开展慈善募捐活动，区民政局发动街道和各职能部门，区投资公司发动国有企业，区教育局发动学校师生，区工商局动员各街道的个体协会，区工商联（总商会）动员各街道商会及其会员，街道再发动社区。在区委区政府主要领导的动员和带头捐助之下，宝安区的慈善捐助发展较快。

其三，由慈善会发动各种慈善捐助活动来募集资金。例如，在2008年1月，慈善会发起"慈善周年捐"活动；同年11月，又发起"慈善一日捐""慈善一元捐"活动。2010年慈善会在宝安区开展"广东扶贫济困日"募捐活动；同年10月还发起"一十百千万"捐款活动，即提倡中小学生捐1元、普通市民捐10元、公职人员和个体工商户捐100元、一般企业捐1000元、规模以上企业捐1万元。

其四，针对特定事件进行募捐，主要是针对自然灾害进行募集。2008年，慈善会先后组织了为南方雨雪冰冻灾区"送温暖、献爱心"捐助活动、汶川抗震救灾募捐活动、深圳"6·13"特大暴雨灾害募捐活动；2009年发起为台湾"莫拉克"台风灾区募捐活动；2010年4月发起为青海玉树地震灾区捐款捐物活动，8月发起为甘肃舟曲泥石流灾害献爱心活动。

其五，采取定向募捐的方式，即根据捐赠人的意愿，将募捐来的财物使用到捐赠人指定的事项或是人，为捐赠人和受助对象提供"一对一"慈善捐赠服务。例如，2008年林乐文先生定向捐助河南省沁阳市建校建桥款，亿和精密金属制品（深圳）有限公司定向资助湖南张家界市永定区崇实实验小学建校，深圳市中熙投资集团有限公司、华丰实业有限公司、屹海达实业有限公司资助纳雍县鹿山村进行基础设施建设，鸿荣源置业集团（深圳）有限公司定向为抗冻救灾捐款，益华市场管理有限公司定向资助湖南省宜章县莽山瑶族乡塘坊村冰灾水电设施款等9个项目，惠及贵州、河南、湖南、四川等多个省市的贫困地区，收到了良好的社会效果。

由于慈善会募集资金方式多样、宣传得力、动员能力强，慈善会募集资金的能力不断增加，在深圳区级慈善会中名列前茅。从2007年到2012年，慈善会共募集资金4.05亿元（见图2-1）。从图2-1中可以看到，2008年和2010年募集的慈善款项比较多，这主要是因为这两年发生的自然灾害比较大，2008年发生南方雪灾以及汶川地震，而2010年则发生了青海玉树地震。当然，这也说明在这个阶段的慈善资金募集之中，因自然灾害而募集来的资金所占的比重比较大（见表2-1）。5年来，因自然灾害募集的赈灾款近2.14亿元，其中2008年汶川地震1.7亿多元，占当年募集款的82.1%；2009年台湾风灾300万元，所占比例为23.8%；2010年玉树地震3500多万元，所占比例为54.1%；甘肃舟曲泥石流灾区募捐34万多元，西

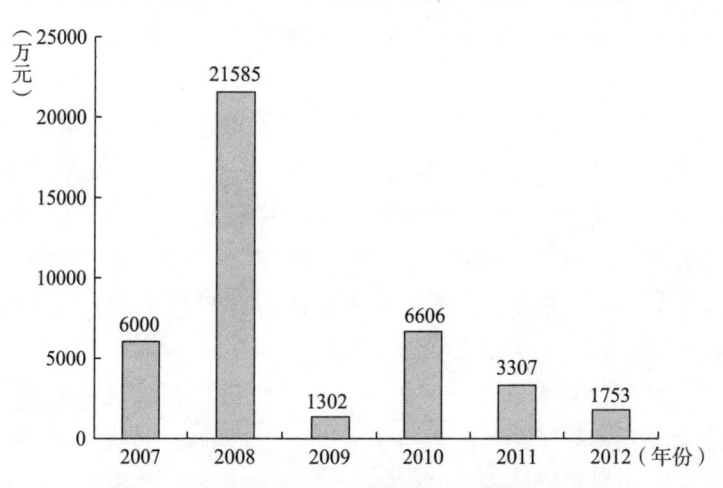

图2-1 探索阶段宝安区慈善会年度募集资金数额

南干旱灾区募捐 36 万多元，各占 0.5%；2011 年云南和日本地震募捐 17 万多元，也占到 0.5%。此外，广东扶贫济困日捐款活动募集的资金也比较多，2010 年、2011 年和 2012 年分别募集 1874 万元、2938 万元和 1675 万元，所占比例分别为 28.4%、88.8% 和 82.1%。在这些捐款中，汶川地震、玉树地震等抗震救灾款项都是上缴到宝安区慈善会，由宝安区慈善会转到灾区。而广东扶贫济困募捐所得的 6375 万元，上缴市慈善会 1440 万元，下拨"双到"资金 2935 万元，留为本级慈善金的为 2000 万元。这些都反映出宝安区慈善会的募集能力强，能够贯彻省市两级党委政府的指示，成为党和政府在社会治理中的好帮手。

表 2-1 探索阶段慈善资金主要募集途径

捐助项目	金额（万元）	占当年募款比例（%）	备注
成立募捐（2007 年）	5612	93.5	—
成立周年募集（2008 年）	3297	15.7	—
慈善捐助月（2008 年）	85	0.4	—
汶川地震募捐（2008 年）	17245	82.1	全部上缴
为台湾台风灾害募集（2009 年）	300	23.8	全部上缴
慈善捐助月（2009 年）	660	50.7	其中党政事业单位公职人员 30 多万元，全区 26 万多名学生参与"慈善一元捐"108 万多元
青海玉树地震募集（2010 年）	3575	54.1	全部上缴
西南干旱灾区募捐（2010 年）	36	0.5	全部上缴
甘肃舟曲泥石流灾区募捐（2010 年）	34	0.5	全部上缴
"一十百千万"募捐（2010 年）	737	11.2	
广东扶贫济困日捐款（2010 年）	1874	28.4	部分上缴
广东扶贫济困日捐款（2011 年）	2938	88.8	部分上缴
为云南和日本地震募集（2011）	17	0.5	全部上缴
广东扶贫济困日捐款（2012 年）	1439	82.1	部分上缴

3. 慈善捐助项目的开发

宝安区慈善会从成立之日起就立足于宝安区的社会经济发展情况，探索慈善捐助项目。

首先,根据目前看病难、看病贵的问题,慈善会推出了医疗救助项目。由于深圳宝安区外来务工人员较多,慈善会不仅将救助对象定位为户籍人口,同时也包括劳务工人员的医疗救助,这充分展现出区慈善会在救助过程中体现出了公平精神。

其次,确立了自然灾害救助。慈善会创立后的第二年,也就是2008年,无论对于中国来说还是对于深圳来说都是一个灾害年,这一年发生南方冰灾、汶川地震,深圳发生水灾,因此慈善会将自然灾害和突发性重大事故救助作为慈善会日常捐助项目之一。

最后,为解决深圳驻地官兵生活中的困难,帮助他们安心驻守本地维护国家安全,2009年慈善会在全国范围内率先推行对驻地官兵进行救助,并成为日常救助项目之一(这三项救助的具体人数和金额见图2-2和图2-3)。此外,慈善会还专门对宝安区福利机构(如各街道残疾人综合职业康复中心、区社会福利中心)和宝安区内的医疗机构(如区人民医院、宝安中心区血站)捐助款项购买必要的设备等。

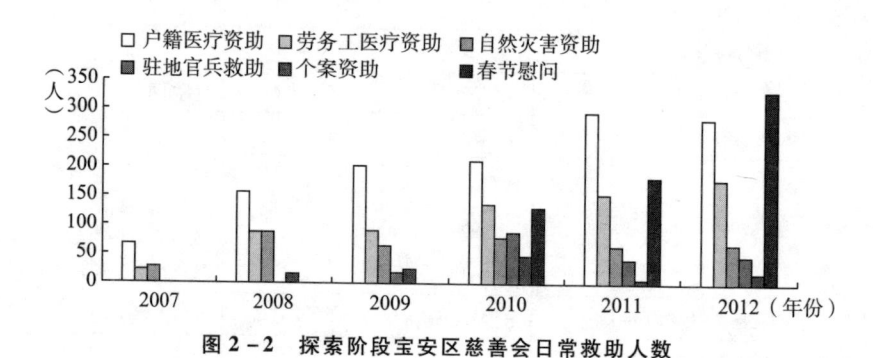

图2-2 探索阶段宝安区慈善会日常救助人数

图2-3 探索阶段宝安区慈善会日常救助金额

4. 慈善理念的推广

慈善会把增强社会慈善理念作为慈善宣传的主要目标，强调捐赠不分多少，善举不分先后，重在培养市民对慈善的认同感和参与慈善的理念。

第一，以重大慈善活动为载体，不断加大慈善宣传力度。在慈善会成立之时、成立一周年、大型赈灾募捐、慈善日、"一十百千万"募捐等活动中进行系列慈善宣传，大力宣传成立慈善会的目的、意义和慈善会的章程、财务管理制度、慈善资金封闭管理模式和慈善项目。每次募捐都发放倡议书，阐明募捐的必要性。

第二，运用多种形式，多渠道全方位开展慈善宣传。通过报纸、广播、电视、网络、海报、车身广告、慈善画册、立柱等形式向社会宣传慈善，收到了良好的社会效果。

第三，注重宣传和树立慈善典型。对林乐文、郑焯辉、翁锐桂、苏洪根、黄尔春等慈善人物进行了专题报道，积极推荐宝安区慈善人物参加"中华慈善奖""南粤慈善奖""鹏城慈善奖"等各级慈善评选表彰活动，树立了一批慈善典型。同时注重平民慈善的宣传，宣传"拾荒老人"、陈锦花等慈善先进典型。

第四，注重慈善项目操作的宣传。通过新闻媒体对救助项目的制定过程、项目内容和申请程序进行了宣传。举行了慈善资助金启动仪式，印发了《救助办法宣传册》，每年都举办街道和社区慈善救助项目操作培训班，畅通了慈善救助渠道。

(二) 发展时期

2013年1月，慈善会召开第二届会员大会暨第二届理事会第一次会议，大会选举产生新一届理事会成员。宝安区区委原副书记张洪华当选第二届会长，宝安区民政局局长项健担任常务副会长，包括深圳市泰兴达贸易有限公司董事长刘焕德在内的9位企业家和包括宝安区政协委员会秘书长陈长贵在内的4位党委、政协和政府系统内的人员担任副会长，区民政局副局长刘国玲担任慈善会秘书长。新一届领导班子在慈善会不断完善原来的制度体系，创新募集方式，拓展慈善救助项目和方式，打造慈善文化，提升慈善会组织能力。

1. 完善制度

一是修改完善《深圳市宝安区慈善会章程》。区慈善会结合成立以来的工作实际和宝安区慈善事业的发展要求，对《深圳市宝安区慈善会章程》

进行了修改。修改内容主要是规范章程语言表达，理事会和常务理事会增加书面召开形式，规定了会员自动退会的时间。对章程的修改与完善，让区慈善会的工作更加切合实际、运作更加规范。

二是完善定期向监事会报告财务工作制度。按规定，慈善会每季度定期召开监事会，向监事会成员报告本季度慈善金收支情况，听取监事会的意见和建议，接受监事会对慈善金管理的监督，这一制度从2013年开始实施。同时，为进一步加强监事会的专业性，慈善会聘请会计师、律师加入监事会，提高监事会的监督能力。

三是完善审计和公开制度。为保证慈善资金专款专用并提高资金的使用效率，慈善会在全市各区级慈善会中率先建立了第三方审计制度。第三方审计主要包括对慈善金进行审计和进行离任审计。从2014年起，对区慈善会慈善金采取第三方审计，由第三方审计机构对慈善金的全年收支情况进行审计，让区慈善金的使用更加规范，慈善会的运作更加透明。对于财政拨款的资金部分，则由财政和审计部门对其进行审计。同时，定期向全社会公开慈善金收支情况，通过微信公众平台、区慈善会网站、报纸等媒介，公开每一笔慈善金的收支情况，并继续在宝安区慈善会网站公布捐助名单和金额，确保慈善金的每一笔收支均向全社会公布，接受社会监督。

四是制定宝安区慈善会五年发展规划，明确未来发展目标。区慈善会联合深圳市综合开发研究院，对宝安慈善事业现状进行了深入调研，在此基础上形成了《宝安区慈善会发展规划（2013~2017）》，并提交大会审议通过。五年规划的编制，明确了宝安区慈善会未来的发展方向及工作目标，让慈善会的工作更加科学规范，也将有力地促进区慈善会的发展。

五是制定慈善项目运作制度及其他相关制度。在这一时期，慈善会拓展新的募集方式和捐助项目，并通过制定相应的管理办法，实现管理的制度化。2013年以来，慈善会新制定了一系列新的制度。这些新的制度有的是对新的捐助项目和行为进行规定，如《宝安区慈善会关于先天性心脏病患儿医疗救助专项资金使用管理办法》《宝安区慈善会慈善公益项目管理暂行办法》《宝安区慈善会志工管理办法》；有些则是对慈善会原来的一些项目和行为加以进一步完善，如《宝安区慈善会定向捐赠管理暂行办法》《宝安区慈善会关于困难群众个案救助暂行办法》。

2. 创新募捐方式

在不断完善管理制度的同时，慈善会在第二届领导班子的带领下，努力创新募捐方式，提升慈善会的募捐能力。

一是通过设立慈善冠名基金的方式，开辟慈善募捐的新渠道。所谓慈善冠名基金，是指由捐赠方在本会设立的以捐赠单位或捐赠人的称谓和慈善公益项目名称命名的基金。凡热心于慈善事业、自愿向本会捐赠善款的单位、个人（家庭），均可在本会设立慈善冠名基金。慈善冠名基金应主要用于助学、助困、助医、助老、助孤、助残、救灾等慈善救助项目和符合宝安区慈善会章程规定的其他社会公益项目。慈善冠名基金的方式有助于提高捐赠者的知名度，提升捐助者对捐助资金使用的监督权，保证捐助款能够完全用于公益，因此能充分激发个人、企业或其他组织参与慈善的热情和积极性，让慈善救助的方式更加灵活多样，更加及时有效。2013年11月11日，宝安区慈善会首个慈善冠名基金成立，即宝安区青年企业家协会关爱劳务工子女重大疾病基金；2014年第二个慈善冠名基金——福永家私协会关爱基金成立。到2016年11月，宝安区共设立7个冠名慈善基金，总共募集善款276多万元，用于对接各类慈善项目，有力地支持了宝安区慈善事业的创新发展。宝安区力争到2020年发展冠名基金达50个。

二是通过举办慈善晚宴和慈善拍卖会的方式筹集慈善资金。2015年，区慈善会和爱心人士首次共同发起以"大爱无疆·与'心'同行"为主题的慈善拍卖活动，这是慈善会首次举办晚宴拍卖募集活动。由爱心企业家捐赠拍品，区慈善会推广大使曾志伟先生主持慈善拍卖活动，通过拍卖14件拍品，共募集善款520多万元，作为专项资金全部用于资助区内先天性心脏病患儿的治疗。2015年12月，宝安区慈善会与宝安区茶文化研究会共同倡议举办了小型拍卖活动，共认捐善款20多万元，设立专项资金用于慈善救助。

三是借助现代科技，推动开创"互联网+"慈善捐赠模式，方便日常捐赠。新开通区慈善会微信公众号，拓展线上捐款业务；在邮政储蓄银行窗口新增150个慈善募捐箱，善款用于"爱心书包"项目。

四是举办"与爱同行"2016年慈善微跑活动。慈善微跑活动由区慈善会、区工商联、区义工联、中国银行宝安支行共同倡导和主办，以"与爱同行"为主题。活动在凤凰山森林公园绿道举行，进行10公里折返微跑。当天参与慈善微跑活动的爱心人士超过2000人。在募集善款的同时，倡导绿色健康的生活方式，有效宣传了慈善文化，同时也是对慈善会创新慈善捐助方式的一次成功尝试。活动共募集善款近100万元，将其设立专项资金，全部用于专项资助。

五是积极探索定点募捐。在婚姻登记处、各街道社区、中心区大型商场、中国银行各网点、恒丰海悦酒店等地，放置了34个慈善募捐箱，共募集善款10万多元，募捐箱的善款将全部用于资助患有自闭症的儿童。慈善募捐箱的设置让捐款更加便捷，让慈善融入日常生活，让更多市民参与慈善。

六是推行社会化大型募捐活动。改变以往依托政府部门开展募捐活动的做法，由区慈善会开展主题为"慈心暖人间——善举行宝安"的大型募捐活动，发动社会各界募集善款。募捐活动得到社会各界的大力支持和积极参与，宝安日报社和宝安电视台积极宣传报道，民间慈善热情被充分激活，各街道、各街道商会积极发动，区内企业、社区、单位纷纷慷慨解囊，在一个多月的时间内，共募得善款2889.63万多元。募捐活动壮大了区慈善会的实力，推广了区慈善会"人人皆能慈善"的理念。

相比较第一届而言，这一届在慈善资金的募集方式上更为灵活多变，更多的是采取社会动员的方式而不是行政动员的方式筹集资金，尤其是2014年发动主题为"慈心暖人间——善举行宝安"的大型募捐活动，通过动员街道、社区、企业等方式，由慈善会联合社工、义工对居民进行宣传，同时借助传统的平面媒体如《宝安日报》和宝安电视台进行宣传。此后还借助新媒体对慈善募集活动进行宣传，这些去行政化的募集方式在社会上获得了好评，同时也提升了慈善会的资金募集能力。因此，2014年，在没有出现大的自然灾害募集资金的情况下，慈善会主要通过社会动员的方式共募集资金4682.94万元（见图2-4）。

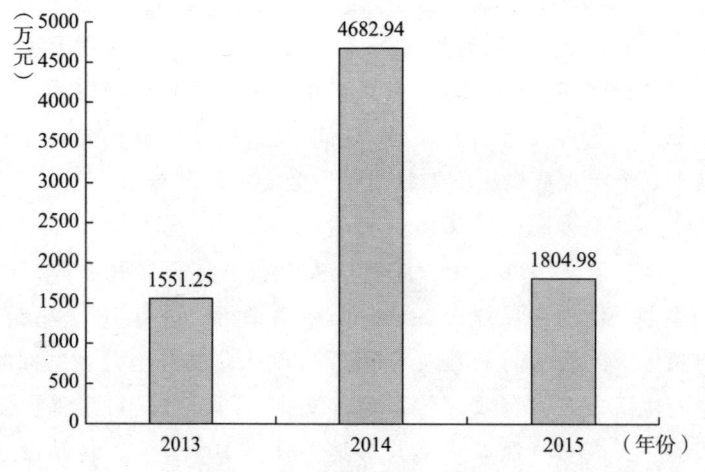

图2-4 发展阶段宝安区慈善会年度募集资金数额

3. 增加慈善救助项目、方式并扩大范围

当然，对于慈善会而言，募集慈善资金不是目的，而主要是进行社会救助，增加社会福祉。进入发展阶段后，慈善会开始增加新的慈善救助项目、救助方式，扩大救助范围。

一是新增救助项目。2015年由宝安区慈善会和爱心人士卢暖培先生共同倡导发起的"大爱无疆·与'心'同行"关爱先天性心脏病儿童慈善晚宴，通过竞拍共募集520万元爱心基金。所募集的爱心基金将全部用于关爱宝安户籍或者在宝安辖区内出生的外来务工人员先天性心脏病患儿，对于符合条件的先天性心脏病患儿，将给予每人1万元的资助，由宝安区人民医院为所有获得资助的患儿进行手术治疗。为规范宝安区慈善会先天性心脏病患儿医疗救助专项资金的拨付、使用，宝安区慈善会根据《深圳市宝安区慈善会章程》以及其他相关规章制度，制定了《宝安区慈善会关于先天性心脏病患儿医疗救助专项资金使用管理办法》。

二是扩大救助范围，提高救助标准。宝安区慈善会修改和完善了《宝安区慈善会关于资助宝安户籍困难居民重大疾病医疗暂行办法》《宝安区慈善会关于资助劳务工重大疾病医疗暂行办法》。救助病种由原来的12种扩大到16种。慈善会新出台《宝安区慈善会关于困难群众个案救助暂行办法》，对见义勇为等行为造成严重受伤或死亡导致生活困难的家庭、身患绝症且生活困难的群众、遭遇重大意外和身患重症的慈善热心人士予以关怀和救助，扩大了受助群体范围，让救助更加及时且更加具有针对性。同时，从2004年开始，慈善会提高资助标准，对户籍困难居民的最高救助金额由原来的每人每年累计资助4万元提高为6万元，驻地困难官兵的救助标准也相应提高。

三是实施专项资助项目。2015年，慈善会出台《宝安区慈善会关于先天性心脏病患儿医疗救助专项资金使用管理办法》，资金来源于"大爱无疆·与'心'同行"慈善晚宴拍卖所得的520万元善款，用于资助深圳宝安区的先天性心脏病患儿的治疗。项目自2015年11月实施以来，已有7名患儿得到有效治疗。这是区慈善会救助模式的创新，让慈善帮扶更加精准。

四是实施公益慈善项目大赛。2014年，慈善会在深圳市各区级慈善会中率先推行慈善公益项目招募。全区共有20多家慈善公益类社会组织和福利机构申报了慈善公益项目，项目类型涵盖关爱特殊儿童、老人、外来务工人员、弱势群体和困难义工等。经过初选、入户调查、现场评审等环节，

最终评选出"点亮星灯·璀璨星空"等9个具有代表性的项目,资助金额为138万多元,覆盖4.9万多人。2015年,宝安区慈善会举办第二届公益慈善项目大赛,吸引全市共92家社会组织117个项目参赛,最终共评选出13个项目。慈善公益项目的招募,提升了宝安区慈善公益类社会组织和福利机构的项目运作水平,吸引了更多的公益慈善组织和机构共同参与慈善救助,让慈善救助涉及更多领域、覆盖更多困难群众,是区慈善会救助项目的有益补充,同时培育了一批"愿做慈善、懂做慈善"的社会组织。

宝安区慈善会在发展阶段不断增加新的资助项目和方式,扩大资助的范围,取得了比较理想的结果(见图2-5和图2-6)。2013年,全年共救助困难群众642人次,救助金额为370万元,其中资助户籍困难居民医疗重大疾病163人次,157.24万元;资助劳务工医疗重大疾病102人次,72.60万元。自然灾害和突发性重大事故救助46人次,26.66万元。救助困难官兵28人次,14.51万元。特殊个案资助3人次,9万元。春节慰问300人次,90万元。2014年,共救助困难群众423人次,救助金额为376.11万元。其中,户籍困难居民重大疾病救助201人次,金额232.08万元;劳务工重大疾病救助143人次,金额98.57万元;自然灾害和突发性重大事故救助47人次,金额29.08万元;驻地困难官兵救助29人次,金额14.08万

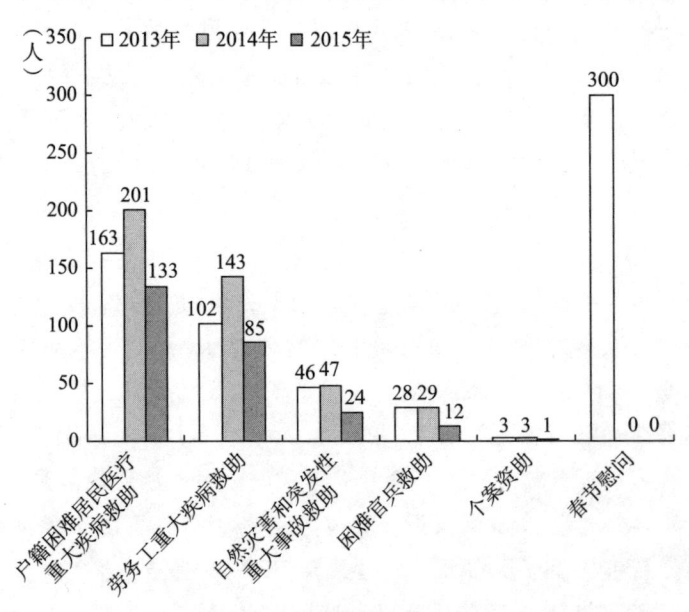

图2-5 发展阶段宝安区慈善会日常救助人数

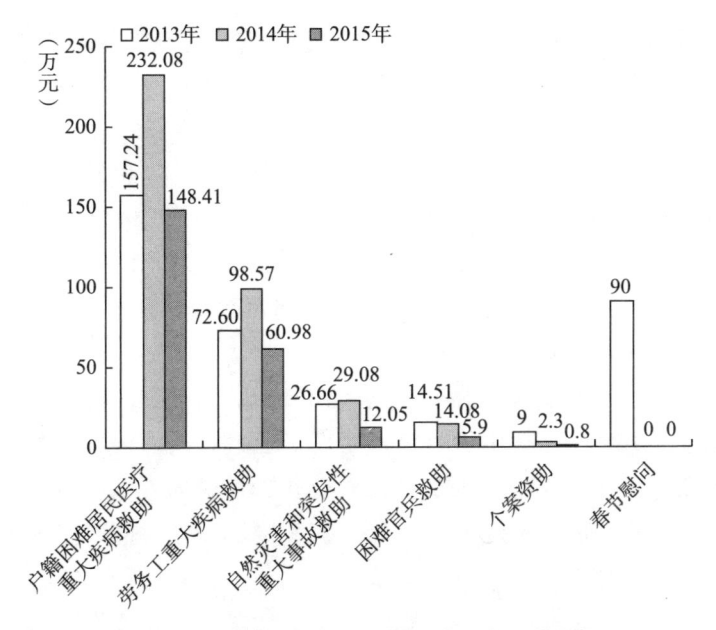

图 2-6　发展阶段宝安区慈善会日常救助金额

元；个案救助 3 人次，金额 2.3 万元。2015 年共救助困难群众 255 人次，救助金额 228.14 万元，其中户籍困难居民重大疾病救助 133 人次，金额 148.41 万元；劳务工重大疾病救助 85 人次，金额 60.98 万元；自然灾害和突发性重大事故救助 24 人次，金额 12.05 万元；个案救助 1 人次，金额 0.8 万元；困难官兵救助 12 人次，金额 5.9 万元。

4. 打造慈善文化

进入发展阶段后，慈善会在提升组织的资金募集能力和救助能力的同时，也努力宣传慈善理念，打造慈善文化。

首先，慈善会通过在全国范围内征集慈善之语、制作慈善会动漫宣传片、推出"慈善娃"爱心玩具、创作慈善会会歌等方式树立慈善会的整体形象。2013 年，慈善会与宝安日报社合作，举办了慈善之语全国征集评选活动。活动共收到来自全国各地的慈善之语 1400 多条，经评选产生了十大宝安慈善之语。征集活动争取到了来自全国 10 多个省市热心人士的广泛参与，既弘扬了中国传统文化，传播了慈善理念，也进一步扩大了宝安区慈善会的影响力，让更多的人关注宝安慈善事业。征集活动也成为宝安区慈善会的文化品牌之一，收到了良好的社会效果。2015 年，慈善会制作并发布慈善会公益动漫宣传片《大家一起做慈善》，一同发布的还有慈善会会歌。慈善文化通过活泼明快的动漫和优美动人的旋律，宣扬了"人人慈善"的理念，让更多的人关心慈善、追求慈善、参与慈善。2016年，慈善会推出"慈善娃"爱心玩具，让公众对宝安慈善有更为形象的认识。"慈善娃"爱心玩具由爱心企业家忻元甫先生根据慈善会动漫宣传片《大家一起做慈善》中的主人公宝宝和安安为原型设计，宝安区慈善会申请了外观专利。慈善会授权爱心企业生产销售，所得利润的50%捐赠给宝安区慈善会用于慈善事业。"慈善娃"爱心玩具深受学生和市民喜爱，获得了一致好评，进一步丰富了宝安慈善文化的内涵。

其次，通过传统媒体和新媒体宣传慈善文化，让更多的社会公众认识、参与到慈善活动之中。运用传统媒体主要是通过报纸、杂志、电视等方式宣传慈善文化。慈善会同《宝安日报》合作，每周设置一期慈善专栏，内容涵盖介绍慈善人物，报道慈善动态，弘扬传统文化，宣扬慈善理念，同时创办慈善杂志《善源》。《善源》是研究慈善、传播慈善的媒介，聚集了全国专家、学者的新锐思想和独特见解，介绍其他公益慈善组织的先进经验和慈善公益人物的事迹，成为弘扬社会正能量的窗口。此外，慈善会还同宝安电视台合作，在宝安电视台播放"十大慈善之语"，在黄金时间滚动播放慈善捐款名单以及慈善动漫宣传片《大家一起做慈善》。运用新媒体主要是通过互联网和微信公众平台进行宣传。宝安区慈善会升级原有的网站，新的慈善会官方网站版面设置更加新颖更加丰富，栏目涵盖了慈善会介绍、慈善动态、慈善捐助、慈善大家谈等，通过对慈善会的工作进行及时全面的宣传，并与广大市民进行对接与互动，进一步扩大了慈善会的影响。

再次，开展"我的善缘"慈善征文活动和"慈善宣传周"活动。征文活动主要是宣传身边的慈善人物和慈善故事，传递爱与感动，也可以传播慈善理念。宣传周的活动以区慈善会救助办法和微信公众平台的推介为宣传重点，集中在宝安区各街道、各社区等发放慈善救助办法和《慈善法》，开展了义工表演进社区活动，播放慈善动漫宣传片，悬挂慈善标语，推广宝安区慈善会微信公众号。宝安区慈善会微信公众平台还拓展移动终端捐款、捐助等"微慈善"服务，做好服务群众"最后一公里"，自开通以来共有4.6万多人关注，让市民切身感受到了互联网时代慈善事业的新发展。

最后，推动慈善文化进校园活动。2013年，宝安区慈善会编写《我和慈善一起成长》小学生慈善读本，在坪洲小学举办了慈善文化进校园试点活动，力求做到慈善活动与教学活动相融合，把慈善文化作为素质教育的重要组成部分，培养学生的善念，在孩子们的心中播下慈善的种子，使他们从小树立爱心，让慈善从校园开始，辐射到每个家庭和每个社区，为宝安区慈善事业的发展营造良好的社会氛围。2014年，在宝安区教育局的大力支持下，区慈善会总结和推广了坪洲小学试点经验和做法，新增6所公办小学和1所民办小学作为试点推广。各学校用不同的形式展现德育成果。2015年，下十围小学、翻身实验学校等8所试点学校积极参与省红领巾基金社会募集活动，组织爱心义卖，共售出"爱心饭盒"480个，筹集善款2.4万元；参加"手拉手""慈善一元捐"等活动，各大队通过"图书漂流"、慈善捐赠等活动组织少先队员积极参与到爱心捐助活动中，培养少先队员的公益观念；开展"爱心跳蚤市场"；广泛发动学生参加区慈善会组织的"我的善缘"有奖征文比赛等，让孩子们从小树立爱心和奉献意识。2016年，慈善会总结和推广了坪洲小学等7所试点学校的经验和做法，新增1所区级公办小学、6所街道小学和1所民办小学共8所学校作为试点推广，"慈善文化进校园"工程共有16所试点学校，进一步将慈善教育与学校德育教育相融合，将慈善活动与教育实践相融合，让慈善理念深入校园。

5. 提升组织自身能力

为提高慈善会资金筹集能力和项目管理水平，推动组织内部管理的专业化和制度化，慈善会不断提升自身的能力。

首先，建立了会长办公会学习制度，坚持专题学习，学习贯彻中央关于发展慈善事业的精神，解读专家对慈善的论述，了解国内外慈善发展动态，吸收先进地区慈善组织的经验和做法，提升区慈善会领导层的政治和业务素质。

其次，开展多种形式的培训工作，提升区慈善会工作人员的专业能力。慈善会参加民政工作研究网开展的全国慈善事业创新与发展培训班，系统学习了国务院《关于促进慈善事业健康发展的指导意见》，明确社区慈善的发展状况，全面了解新时期慈善事业的发展方向；邀请深圳市社会公益基金会李光明秘书长为宝安区慈善公益组织和机构开展慈善项目运作专项培训。

再次，注重同其他社会组织进行交流，学习其先进经验。慈善会组织会领导到慈善事业发展较好的香港保良局和香港狮子会肾病研究中心学习和交流，了解保良局"尊重历史，以人为本"的价值观和救助项目设置的先进经验，学习狮子会对于专项疾病评估与专业救助的做法，对进一步做好慈善工作起到了良好的借鉴作用；张洪华会长率队前往佛山，学习佛山市慈善会举办慈善项目大赛的做法；区慈善会还应邀赴新疆喀什地区对慈善事业的发展进行深入交流。

最后，开展了多次调研活动。慈善会多次组织到区义工联、街道和社区慈善帮扶协会以及企业走访，进行座谈，听取意见和建议，整合资源，共同谋划发展宝安慈善事业。

二 发展路径

在这十年的发展过程中，我们认为，慈善会成功地构建了"4+4"发展路径。所谓"4+4"发展路径，指的是四大机制改革，四个影响因素。其中，四大机制改革包括：

第一，参与机制改革。所谓参与机制改革，指的是慈善会在政府的领导下，通过构建参与路径与渠道，吸纳社会力量参与慈善工作，开拓社会治理过程中的合作机制。这包括构建吸纳商会、企业和企业家参与慈善事业，吸纳公众参与慈善事业两个方面。

第二，市场机制改革。所谓市场机制改革，指的是在政府的领导下，灵活运用市场机制，引入市场理念，推动慈善会与市场相结合，提升慈善会的活力与创造力。这包括内部治理改革、内部制度建设、内部部门调整、募捐模式改革、品牌化建设等几个方面。

第三，运作机制改革。所谓运作机制改革，指的是慈善会从运作模式入手，推动慈善理念、慈善项目整体性的改革，在迎合市场化转型的前提下，又契合中国社会的现实环境。这包括两个方面：慈善文化传播与慈善救助模式改革。

第四，慈善体系构建。所谓慈善体系构建，指的是慈善会承接构建的嵌入，并向社会嵌入，从而构建了一个嵌入性机制，以自身为支点，牵动各类社会力量。这包括两个方面：结构性嵌入和功能性嵌入。

在慈善会的改革中，还有如下四个因素在起作用。

第一，丰富的体制内资源。丰富的体制内资源为慈善会的发展提供了合法性依据和内在驱动力。慈善会的官办身份让慈善会更容易获得各种体制内的资源和支持。慈善会是应宝安区党代会报告和区人大的政府报告要求而成立的，区委明确指派一名区委副书记全面负责推动筹备慈善会，由原区人大常委会主任和原区纪委书记具体负责筹备慈善会，同时，在筹备期间区委书记负责解决区慈善会的人员编制、经费、办公场所等实际问题，并主持召开慈善工作座谈会。慈善会成立之后，无论是第一届还是第二届领导班子成员，都既有刚刚退休的党政领导干部，也有现任的党政领导干部。慈善会的办公场所也在宝安区委区政府大楼内。在慈善会的重要庆典或仪式上，区党委政府主要领导成员都会出席。因此，慈善会自筹建起就与政府之间保持了良好和紧密的合作关系。这使其更容易获得体制内的资源。比如，慈善会获得了大量的财政支持，包括成立之初的 900 万元慈善金，还包括政府购买慈善会服务获得的慈善会日常行政开支的管理费用。慈善会成立后，宝安区政府给予慈善会 3 个公务员编制。慈善会在募集资金、实施捐助和宣传慈善文化过程中得到了政府有关部门的大力支持。在早期资金募集的过程中，慈善会在一定程度上依赖党政部门的支持，区党委书记带头捐款，同时从区委区政府到街道、社区的整个党政体系都在动员募集资金。在进行捐助审核时，慈善会利用社区、街道有关政府部门的力量帮助鉴定和识别真正需要捐助的群众。在宣传慈善文化时，慈善会获得了《宝安日报》和宝安电视台的大力支持；开展慈善文化进校园活动，也获得了教育行政部门和相关学校的支持。

第二，多元的社会资源。大量的社会资源为慈善会提供了发展动力。慈善会在募集资金和进行慈善资助的过程中，牢牢把握住宝安区经济社会发展的现状，苦心经营本地善源，重点资助本区域内的公众或各类组织，服务当地居民（包括驻军）。从经济发展水平来看，到 2015 年底，全区共有注册登记企业（不含光明、龙华新区，下同）约有 18.6 万家，其中工业企业 2.63 万家；规模以上工业企业有 2198 家，占深圳全市的 38%；外资企业有 5000 余家；"三来一补"企业有 16 家；有境外世界 500 强投资企业（或机构）59 家；上市企业 24 家；国家级高新技术企业 1232 家；个体工商户 26.2 万家。地区生产总值为 2641 亿元，规模以上工业总产值为 5447 亿元，税收收入为 454 亿元，公共财政预算收入为 187.6 亿元，出口总额为 426 亿美元，年末国内金融机构人民币各项存款余额为 3176.26 亿元。可以说，宝安区是深圳市西部的经济重镇、科技重镇、教育文化重镇和较富裕地区。因此，从成立之初，慈善会经营本地善缘，对本地企业进行走访和座谈，将企业吸纳到慈善会之中。慈善会两届的会员、理事、副会长和荣誉会长名单涵盖了宝安区众多有影响力的企业家，他们为慈善会的资金募集做出了重要的贡献。在动员企业加入慈善会和捐助善款的同时，慈善会也极力动员宝安区的普通公众。从慈善会这十年来的资金募集过程来看，其获得了社会公众的认可。

第三，专业的制度供给。专业的制度建设为慈善会的改革提供了外部保障。首先，慈善会建立救助的项目管理制度。慈善会对每一个救助项目都制定有相应的管理办法，所有的救助项目严格按照管理办法实施，避免在救助过程中存在随意性、人情化和人格化，一方面能够避免资金使用过程中的腐败，另一方面也能够提高救助的效率。其次，慈善会建立了比较完善的审批流程制度。基金会采取社区、街道和基金会三级审批制度，对每一个层级的审批权限和内容进行规范。同时，为防止在基金会层面审批的"一支笔决定"现象，基金会还规定必须采取集体审批制度，即最后必须在会长办公会集体讨论资助资金的使用，而不是由会长一人来决定。最后，在财务上实行封闭管理、第三方审计和及时公开的制度。所谓封闭管理是指宝安区慈善会的三项重要资金进入三个不同的账号，即慈善捐款、财政拨付的管理费用和会员费用分别进行管理，保证每一笔捐款都能够运用在慈善事业，避免慈善会的日常管理占用慈善资金。所谓第三方审计是指对于慈善会所使用的慈善资金都必须由第三方进行审计，对于慈善会管理层在离任时还要采取离任审计。所谓及时公开制度是指对于慈善会的年度审计要在慈善会官方网站、相关报纸（主要是《宝安日报》）上公开，同时对于资助的名单以及资助的金额也需要在网站和报刊上公开。专业的制度供给使慈善会管理过程规范、透明、理性，在这十年里没有出现大的纰漏，而资金使用和救助的公开透明更让捐助者放心、安心和舒心。

第四，深厚的文化积淀。深厚的文化积淀为慈善会的改革营造了和谐的外部环境。深圳市有着浓郁的慈善文化氛围。深圳市不仅是经济特区，在社会管理体制改革中也先行先试，是国内慈善改革的特区。深圳在全国最早进行公益慈善立法，最早实行志愿者注册登记管理，最早出台社会工作者培育激励政策。深圳市在政府购买公益慈善服务、建设民间公益慈善组织孵化基地、实行公益慈善类和社会服务类慈善组织直接登记等方面均走在全国前列。自2012年起深圳举办慈展会，已经连续举办了五届。慈展会已成为全国慈善行业最重大的一次盛会，也成为深圳的又一张名片。深圳市成为全国公益慈善组织发育最快最多的城市。经过多年来在慈善理念与文化的传播、慈善机制和制度等方面的改革和创新，深圳市积累了深厚的慈善文化底蕴。

第三章 功能拓展中的社会吸纳

一 引言

随着计划经济体制向市场经济体制转型、极权主义政治体制向权威主义政治体制转型，政府的社会治理模式开始转型，政府日渐重视社会力量在社会治理中所发挥的作用。特别是随着经济的发展，人们的物质财富越来越多，随之他们的经济需求和政治需求也越来越多，越来越强烈。社会组织的数量呈爆发式增长。

伴随中国社会组织的快速发展，国内外学者开始研究中国国家与社会之间的关系。具体而言，有如下两类观点：一类是西方派。这一派学者用西方理论来解释中国，主要包括多元主义和合作主义理论。另一类是本土派。这派学者试图构建本土化的理论来解释中国问题，主要包括行政吸纳社会、参与式治理、依附式自主等。其中，国内影响较大的是康晓光提出的分类控制理论，他还在此基础上提出了行政吸纳社会的理论。他认为，对待社会需求，单纯的"压制"行不通，唯一的办法是给予适当的满足，而这种办法就是"功能替代"，其策略包括延续、发展、收编和放任四种。[1] 这一理论相对于西方理论而言，确实能更好地解释中国的国家与社会的关系，纠正了国家与社会简单分离的思维，并打破了西方政治民主化的逻辑体系。同时，这一理论还推动了社会组织的发展，并一定程度上满足了经济和社会发展的客观需要。但是，他认为这种"功能替代"是能达到限制"自治"的社会组织的出现和发展，这一点显然与中国目前社会组织发展实践是相违背的。

如果不是"功能替代"，那又应该是什么？对行政吸纳社会又该如何反思呢？针对这些问题，我们试图从深圳市宝安区慈善会的经验归纳出中国的发展模式。

---

[1] Kang Xiaoguang, Hart Heng, "Administrative Absorption of Society: A Further Probe into the State-Society Relationship in Chinese Mainland," *Social Sciences in China*, 2007 (8).

二　理论框架

（一）功能拓展和嵌入式管理

随着近年来社会组织的爆发式增长和社会力量的增强，用简单的限制或控制思维来理解中国社会组织的发展已显然不合时宜。为达到限制"自治的"社会组织的出现和发展的"功能替代"理论，显然也无法解释当前中国社会组织发展的现实。慈善会作为具有官办色彩的枢纽型社会组织，依然具有很多官方痕迹，包括人员的官方色彩、结构上的从属关系、职能上的承接关系。慈善会依然没有超越科层制内部"指令体系"的权利边界，并不是完全独立的，要受制于政府。政府对慈善会的控制是通过嵌入式管理方式[①]实现的。同时，在社会问题不断涌现、社会诉求不断增强以及社会组织不断扩张的时代，政府亟须加强社会治理能力，但由于受制于官僚体制的束缚，政府很难灵活行动，充分发挥社会治理能力。正是在这种背景下，慈善会应运而生。慈善会实际上是承接了政府剥离出来的一部分社会治理功能，它能采取更加灵活的、不受官僚体制限制的方式，拓展了政府的社会治理能力，加强了对社会的引导、吸纳与整合。因此，慈善会表现出王诗宗、宋程成所提到的能够灵活运作、自我管理的自主性。[②]

（二）社会吸纳

关于国家与社会的关系，西方的主要理论解释是多元主义（公民社会）和合作主义（法团主义），但是这些理论无法解释中国现实，本土化的理论应运而生，代表性的理论有行政吸纳社会[③]、协同治理等。本土化的理论推翻了在公民社会基础上所构建的理论的普世价值，也厘清了中国国家与社会之间并非分离而是融合的现实。同时，不管是金耀基提出的"精英吸纳"[④]，还是康晓光提出的"优先满足强者策略"的统治联盟，抑或郁建兴

[①] 关于嵌入式管理的相关理论及慈善会的相关实践，详见本书第八章的内容。
[②] 王诗宗、宋程成：《独立抑或自主：中国社会组织特征问题重思》，《中国社会科学》2013年第5期。
[③] Kang Xiaoguang, Hart Heng, "Administrative Absorption of Society: A Further Probe into the State-Society Relationship in Chinese Mainland," *Social Sciences in China*, 2007 (8).
[④] 金耀基：《行政吸纳政治——香港的政治模式》，载于金耀基《中国政治与文化》，（香港）牛津大学出版社，1997，第27页。

提出的通过协同治理实现政府主导、社会协同、共建共享的社会治理格局①，都强调了国家与社会的融合，并提供了一种实现途径。但是这种实现途径越来越无法解释中国目前社会组织发展的现实。

随着政府逐步将直接管理转变为间接管理、将微观管理转变为宏观管理，政府将一部分社会治理功能剥离出来，转移给了慈善会，慈善会被推到了幕前，成为直接与社会对接的平台，原来由政府完成的吸纳也随之转变为由慈善会实施的吸纳，原有的行政吸纳变成了社会吸纳。社会吸纳是慈善会把政府的社会治理功能吸纳进来，其背后依然是政府对社会的控制，只是政府的社会治理功能的拓展，但表现形式是由慈善会与社会之间的合作、吸纳和整合完成的。同时，社会吸纳的对象不仅包括精英吸纳，还包括公众吸纳。综上所述，本书所说的社会吸纳，是指作为承接政府社会治理功能的具有官办性质的社会组织，通过平等合作和灵活的运作机制（主要表现为市场化机制），对社会领域中的精英和公众进行不同程度的吸纳，实现政府对社会领域的控制与整合。社会吸纳的理论分析框架如图3-1所示。

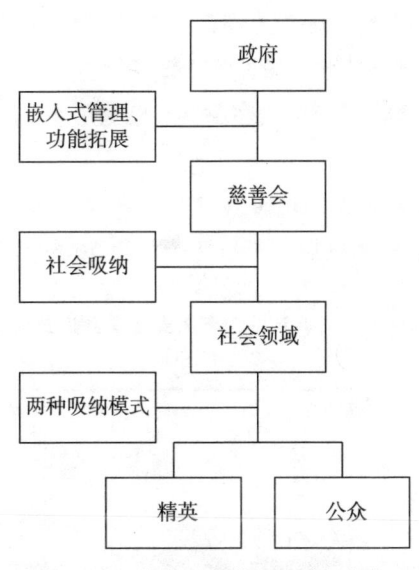

图 3-1 社会吸纳的理论分析框架

---

① 郁建兴、任泽涛：《当代中国社会建设中的协同治理——一个分析框架》，《学术月刊》2012年第8期。

三 案例描述

鉴于社会治理的需要,宝安区政府逐步向慈善会拓展职能,并通过慈善会吸纳两种社会力量参与社会治理:精英和公众。

(一)功能拓展

1. 功能拓展的缘起

深圳市宝安区是中国改革开放的前沿。其面临如下几个方面的状况。

首先,经济发展速度快但不均衡。深圳市宝安区全年城镇居民人均可支配收入为40850元,居民人均消费性支出为26846元,恩格尔系数为33%,是深圳市西部名副其实的经济重镇、科技重镇、教育文化重镇和较富裕地区。然而,从人民生活角度来看,区域内部发展仍然不平衡。宝安地区按城镇居民家庭最低生活保障标准每日每人800元计算,在仅占常住人口比重15.3%的户籍人口中,领取最低生活保障金的人数就有472人。算上全部常住人口,这个生活水平的人口将增加数倍。

其次,社会需求增加,社会治安问题突出。随着经济快速发展、人口数量大量增加,宝安区面临多方面的问题,特别是社会治安问题比较突出。虽然宝安区从当年的全国重点治安整顿区,经过几年的治理,在全省123个区县里前进了10位,并成为深圳唯一一个治安先进区,但直至今日,治安问题依然严峻。据调查显示,2016年宝安区的6个街道有4个治安安全指数得分低于80分,西乡街道在全市垫底,仅得70分(见表3-1)。

表3-1 2016年深圳市宝安区安全指数得分

单位:分,%

街道	治安安全指数	交通安全指数	消防安全指数	公共安全指数	提升度
新安	89	92	84	89	3.2
西乡	70	89	86	75	-5.8
福永	78	71	79	77	-4.1
沙井	75	70	77	75	-4.6
松岗	76	90	70	77	-4.4
石岩	84	71	84	82	-2.7

在这一背景下，宝安区政府于 2007 年 1 月 18 日成立了宝安区慈善会，并直接通过把政府的各方面资源转移给慈善会，以支持慈善会的发展。比如，在人员配备上，由区委原副书记担任慈善会会长，区民政局编制人员抽调出来担任慈善会工作人员；在慈善经费上，慈善金从之前放在政府财政的专门账户上，转到慈善会的慈善金专户上；在办公场所上，区政府直接提供了自己的办公室给慈善会作为办公场所，等等。

2. 功能拓展的内容——慈善会承担的主要功能

诚如上述，鉴于社会治理的需要，政府成立了慈善会。而政府之所以成立慈善会，目的是通过慈善会完成功能的拓展，这可以从慈善会的宗旨和业务范围体现出来。

其中，慈善会的宗旨包括：接受中国共产党领导，遵守宪法、法律、法规和国家政策，遵守社会道德风尚，发扬人道主义精神，弘扬中华民族扶贫济困的传统美德，开展安老、扶孤、助学、助医、助残、济困、救灾等慈善救助工作，促进宝安区公益事业发展与和谐社会建设。

慈善会的业务范围包括：筹集慈善资金；组织各类慈善活动；协助政府、民间发展各项慈善事业；兴办各种慈善服务机构；开展与港、澳、台地区及国外的慈善交流活动，按照捐赠者的意愿进行慈善资助项目，其他与慈善有关的业务。

同时，从 2013 年到 2016 年慈善会开展的主要工作内容来看，其所承担的主要功能包括五个方面：社会救助、文化教育、农村建设、民族团结、政治晋升（见表 3-2）。

表 3-2 慈善会承担的五种功能

功能	2013 年	2014 年	2015 年	2016 年
社会救助功能	做好雅安地震抗震救灾募捐工作。开展定向募捐工作。设置专项救助项目。设立冠名基金。提高救助标准，扩大救助范围	提高救助标准，扩大救助范围。推行慈善公益项目招募。积极募捐。开展定向捐赠工作。定点募捐。探索冠名募捐	举办首次慈善晚宴活动。举办小型拍卖活动。开展定向捐赠工作。实施第一届公益慈善项目资助。举办宝安区慈善会第二届公益慈善项目大赛。实施首个专项资助项目	实施宝安区慈善会第二届公益慈善项目大赛项目。举办"与爱同行"2016 年慈善微跑活动。设立冠名基金。积极募捐

续表

功能	2013年	2014年	2015年	2016年
文化教育功能	在全国范围内征集慈善之语。开展"慈善文化进校园"活动。编写《我和慈善一起成长》小学生慈善读本。通过各种媒体对慈善进行广泛的宣传	企业捐赠上海交通大学地方合作基金。企业捐赠东源县船塘中学教学楼建设项目。办好《善源》杂志。举办慈善志工队伍成立暨"慈善宣传周"启动仪式。开展"我的善缘"慈善征文活动。开展"慈善文化进校园"活动	启动"宝塔希望之星"助学项目。企业及企业家定向捐赠给广东省普宁市麒麟镇爱群中学"教育创强"项目。"宝塔希望之星"助学项目签约。强化慈善宣传。开展第二届"慈善宣传周"活动。深入推进"慈善文化进校园"活动	改版《善源》杂志。开展"慈善宣传周"活动。推出"慈善娃"爱心玩具。深入推进"慈善文化进校园"活动
农村建设功能	—	企业捐赠广东省揭西县凤江镇东光村乡道建设项目	企业定向捐赠广东省揭西县凤江镇东光村乡道建设项目	企业定向捐赠广东省揭西县凤江镇东光村乡道修建项目
民族团结功能	—	—	利用冠名基金资助新疆塔什库尔干塔吉克自治县的贫困学生完成大学学业	—
政治晋升功能	—	—	—	某创新园董事长被选为政协常委

（1）社会救助功能。慈善会通过各种方式募捐，开展各类社会救助。募捐的主要方式包括抗震救灾募捐、定向募捐、设立冠名基金、定点募捐、举办慈善晚宴活动、举办小型拍卖活动、开展慈善微跑活动募捐等。社会救助的主要类型包括设置专项救助项目、推行慈善公益项目招募、实施公益慈善项目资助、举办公益慈善项目大赛、实施专项资助项目、制定救助标准、扩大救助范围等。

（2）文化教育功能。慈善会通过各类教育项目捐赠和慈善文化宣传，实现文化教育功能。主要做法包括：通过捐赠开展教育项目建设。例如，捐赠上海交通大学地方合作基金，捐赠东源县船塘中学教学楼建设项目，启动"宝塔希望之星"助学项目，捐赠广东省普宁市麒麟镇爱群中学"教育创强"项目等。

通过各种媒介对慈善文化进行广泛宣传。例如，主办慈善宣传平台

《善源》杂志，编写《我和慈善一起成长》小学生慈善读本，推出"慈善娃"爱心玩具等。

通过各类活动，扩大慈善文化的影响力。例如，开展"我的善缘"慈善征文活动，在全国范围内征集慈善之语，开展"慈善文化进校园"活动，开展"慈善宣传周"活动等。

(3) 农村建设功能。慈善会通过企业的定向捐赠，开展农村建设项目。例如，定向捐赠广东省揭西县凤江镇东光村乡道建设项目。

(4) 民族团结功能。慈善会通过资助少数民族地区的学生，承接民族团结功能。例如，慈善会利用冠名基金，资助新疆塔什库尔干塔吉克自治县的贫困学生完成大学学业等。

(5) 政治晋升功能。慈善会通过对社会精英的吸纳，实现社会精英的政治晋升功能。例如，某创新园董事长作为宝安区新安街商会会长，被慈善会吸纳为慈善会副会长，并被选为本届区政协常委。

(二) 社会吸纳

随着功能拓展的持续推进，慈善会作为政府一手倡导和主办的慈善组织，吸纳了诸多社会力量。最终慈善会与社会领域的其他主体构成了一个同盟，并共同替政府服务，满足社会各方面的需求。就如中国学者陈家喜认为的那样：政治安排的目的就是通过给予各阶层的精英人士以政治上的荣誉，甚至公共职位的方式，达到团结扩大更多同盟者的目的。[①]

慈善会的吸纳对象基本涵盖了社会领域的所有主要主体，包括商会、企业（企业家）、街道、社区、慈善组织、学校、义工、公众等。他们的合作机制非常灵活，主要表现为市场化机制，与政府的行政化运行机制相对应，合作内容丰富多样，不受政府体制的拘泥，可以说是"只有想不到，没有做不到"的。慈善会吸纳的对象及其合作内容如表3-3所示。

表3-3 慈善会吸纳的对象及其合作内容

吸纳对象	合作内容
混合对象（商会、企业、街道、社区、慈善组织、公众）	商会、企业、街道、社区：推行社会化大型募捐活动。募捐活动得到社会各界的大力支持和积极参与，宝安日报社和宝安电视台积极宣传报道民间慈善热情充分激发，各街道、各街道商会积极发动，区内企业、社区、单位纷纷慷慨解囊，在一个多月的时间内，共募得善款2889.63万多元。

---

① 陈家喜：《改革时期中国民营企业家的政治影响》，重庆出版社，2007，第66页。

续表

吸纳对象	合作内容
混合对象（商会、企业、街道、社区、慈善组织、公众）	企业、慈善会、公众联动："宝塔希望之星"助学项目签约。在宝安区第七届福永家私节上，由捐赠方福永家私行业协会、受赠方区慈善会和资助对象新疆喀什塔什库尔干塔吉克自治县教育局共同签订了《"宝塔希望之星"助学项目三方协议书》，资助50名贫困学生完成大学四年学业。 慈善组织、企业、公众联动：成功举办宝安区慈善会第二届公益慈善项目大赛。吸引全市共92家社会组织117个项目参赛；吸收爱心企业参与，7个参赛项目被现场认领；宝安日报社、宝安广电中心等区内媒体积极参与，扩大了宣传和影响；在大赛举办过程中，通过区慈善会微信公众平台开展网络投票环节，各项目实施机构发动社会群众4.6万多人参与，投票13.3万多张；加大指导、帮扶、培训的力度，对优秀项目实施一对一导师指导，打造品牌项目
商会、企业（企业家）	2013年11月11日成立了宝安区慈善会首个慈善冠名基金——"宝安区青年企业家协会关爱劳务工子女重大疾病基金"。 全年共接收定向捐赠资金208万多元，10个项目，惠及地区涵盖了4个省市，项目包括教育、市政设施、养老和白血病儿童资助等，为贫困地区的发展做出了应有的贡献。 11月成立了第二家冠名基金——福永家私协会关爱基金，为福永家私协会爱心企业家们提供了新的平台与渠道。在冠名基金成立的第一天，就接到20万元的认捐善款。 2014年共接收定向捐赠款1227.13万元，其中，深圳市宝安华丰实业有限公司捐赠上海交通大学地方合作基金1000万元，捐赠宝安区委两新组织工委党内关爱互助金项目20万元，捐赠东源县船塘中学教学楼建设项目50万元；深圳市金环宇电线电缆有限公司捐赠广东揭西县乡道建设款100万元，捐赠广东揭西凤江镇孤儿助养款8万元；深圳市鸿安达电缆有限公司捐赠广东揭西县乡道建设款38万元；西乡商会捐赠伍建贤、韦善宝、罗锦诚、郑梓鑫4名困难群众11.13万元。 实施首个专项资助项目。出台《宝安区慈善会关于先天性心脏病患儿医疗救助专项资金使用管理办法》，资金来自"大爱无疆·与'心'同行"慈善晚宴拍卖所得的520万元善款，用于资助宝安区的先天性心脏病患儿的治疗。项目自11月实施以来，已有7名患儿得到有效治疗。 做好定向捐赠工作。2015年，共接收定向捐款598万多元，其中，深圳市宏发投资集团有限公司、深圳市翰星资产控股有限公司和曾少贵定向捐赠给广东省普宁市麒麟镇爱群中学"教育创强"项目500万元；福永街道社会爱心人士和企业定向捐赠给黄远红肾病治疗项目70.8万多元；深圳市金环宇电线电缆有限公司定向捐赠广东省揭西县乡道建设项目20万元；西乡商会定向捐赠困难群众疾病治疗共7.5万元。 启动冠名基金。11月28日，在宝安区第七届福永家私节开幕仪式上，福永家私行业协会的爱心企业家们向家私协会冠名基金捐赠善款50万元，用于"宝塔希望之星"助学项目，资助新疆塔什库尔干塔吉克自治县的贫困学生完成大学学业，以增进民族团结

续表

吸纳对象	合作内容
商会、企业（企业家）	举办小型拍卖活动。2015年12月27日，宝安区慈善会与宝安区茶文化研究会共同倡议举办了小型拍卖活动，共认捐善款20万多元，设立专项资金用于慈善救助。 举办首次慈善晚宴活动。慈善拍卖活动由区慈善会和爱心人士首次共同发起。由爱心企业家捐赠拍品，区慈善会推广大使曾志伟先生主持慈善拍卖活动，14件拍品共募集善款520多万元，作为专项资金全部用于资助区内先天性心脏病患儿的治疗。 推出"慈善娃"爱心玩具。"慈善娃"爱心玩具由爱心企业家设计，区慈善会申请了外观专利。举办了"慈善娃"爱心玩具授权协议签约仪式，由慈善会授权爱心企业生产销售，所得利润的50%捐赠给宝安区慈善会用于慈善事业。 做好定向捐赠工作。深圳市金环宇电线电缆有限公司定向捐赠金额共100万元，用于揭西县凤江镇东光村乡道修建项目。 深圳市华山论剑品牌运营有限公司捐赠30万元善款，成立"深圳市华山论剑西凤酒慈善关爱基金"。 受企业家资助的7个公益慈善项目的实施机构正式与慈善会及资助方签约
慈善组织	在全市各级慈善会中率先推行慈善公益项目招募。全区共有20多家慈善公益类社会组织和福利机构申报了慈善公益项目，最终评选出9个具有代表性的项目。 实施第一届公益慈善项目资助。"点亮星灯·璀璨星空"等9个项目的实施机构正式与慈善会签约，资助金额为138万多元，各公益慈善机构严格按照项目设置和项目预算运作。项目类型涵盖关爱特殊儿童、老人、外来务工人员、弱势群体和困难义工等，覆盖4.9万多人。各公益慈善项目通过区慈善会资助和项目实施机构自行募捐，使区内更多困难群众得到救助
学校	继续推进"慈善文化进校园"工程。在宝安区教育局的大力支持下，慈善文化进校园工程共有16所试点学校，推出"慈善娃"爱心玩具，为新一批试点学校授牌，发放《我和慈善一起成长》慈善读本近12000本，宣读倡议书并在试点学校开展"争当宝安慈善娃"活动
义工联（义工）	与义工联签订了一个共同推进宝安慈善事业的框架协议，发挥30万名义工的能量，用义工联的平台做善事
公众	慈善会在宝安区婚姻登记处设置首个救助自闭症儿童募捐箱，让新人们在登入新婚殿堂的同时奉献爱心，资助自闭症儿童，在3个月时间内共募集善款8000多元，现已选址宝安区各大商场酒店设置募捐箱进行推广。 雅安地震发生后，根据区委区政府的部署，区慈善会第一时间在《宝安日报》和宝安有线电视台发出捐赠倡议，公布捐赠账号，组织开展抗震救灾募捐活动。全区募得善款906万元，位居全市各区首位，有力地支援了灾区重建。 在婚姻登记处、各街道社区、中心区大型商场、中国银行各网点、邮政储蓄银行宝安支行、恒丰海悦酒店等地，放置了34个慈善募捐箱，在短短两个多月时间内，共募集善款4.48万元，通过募捐箱所得的善款将全部用于资助自闭症儿童。 日常捐赠款96.99万元，"广东扶贫济困日"捐赠款380.59万元，云南鲁甸地震赈灾款47.72万元

续表

吸纳对象	合作内容
公众	深入推进"慈善文化进校园"活动。活动共发放《我和慈善一起成长》慈善读本1.2万册,下十围小学、翻身实验学校等8所试点学校积极参与省红领巾基金社会募集活动,组织爱心义卖,共售出"爱心饭盒"480个,筹集善款2.4万元;参加"手拉手""慈善一元捐"等活动,各大队通过"图书漂流"、慈善捐赠等活动组织少先队员积极参与到爱心捐助活动中,培养少先队员的公益观念;开展"爱心跳蚤市场";广泛发动学生参加区慈善会组织的"我的善缘"有奖征文比赛等等,让孩子们从小树立爱心和奉献意识。 开创"互联网+"慈善捐赠模式,方便日常捐赠。新开通的区慈善会微信公众号,拓展线上捐款业务;在邮政储蓄银窗口新增150个慈善募捐箱,善款用于"爱心书包"项目。 在"广东扶贫济困日"活动中,全区共接收善款54万多元。 举办"与爱同行"2016年慈善微跑活动。慈善微跑活动由区慈善会、区工商联、区义工联、中国银行宝安支行共同倡导和主办,参与慈善微跑活动的爱心人士超过2000人,活动共募集善款近100万元,将设立专项资金全部用于专项资助

四 案例分析

在慈善会的案例中,我们认为有如下问题值得注意。

(一) 政府主导与社会治理的需要

政府功能的拓展,必须坚持政府的主导,同时也必须充分体现社会治理的现实需求。这是确保功能拓展具有政治正当性和现实合理性的关键所在。在这个方面,慈善会的做法值得重视。

第一,从宝安区慈善会的建立过程来看,政府主导是慈善会建立的主要特征。慈善会成立的具体过程如下:2006年8月22日,深圳市慈善会复函宝安区人民政府,同意成立宝安区慈善会并欢迎加入深圳市慈善会成为团体会员。2006年8月25日,中共深圳市宝安区委办公室批复成立深圳市宝安区慈善会及开展筹备工作。2006年9月14日,区民政局批复,同意成立深圳市宝安区慈善会,按有关社会团体登记条例办理登记手续。2007年1月18日,深圳市宝安区慈善会成立大会暨第一届理事会第一次会议召开。中共宝安区委书记周林祥、区长李文龙、区政协主席沈建英、区委副书记张洪华、区委宣传部长李桦、副区长刘惠玲、区委区政府办公室主任戴斌、深圳市慈善会监事长麦金明出席会议。会议选举产生宝安区慈善会常务理事会、会长、常务副会长、副会长、秘书长、宝安区慈善会监事会。中共宝安区委、宝安区政府认识到发展慈善事业的重要性，于 2006 年 8 月把"成立宝安区慈善会，发展宝安区的慈善事业"写进区四届一次党代会报告和区四届一次人代会的政府工作报告，并经区委常委会做出成立宝安区慈善会的决定，由区委、区人大常委会退居二线的两名领导为首届区慈善会会长、常务副会长人选，负责区慈善会筹备工作，区财政拨出 990 万元作为创始基金。区慈善会筹备期间，适逢中国共产党召开十六届六中全会，提出要大力发展慈善事业、增强全社会慈善意识；深圳市委召开四届五次全体（扩大）会议，提出建立民生净福利指标体系，在其 21 项指标中就包含社会捐赠指标。慈善会从筹备到正式成立仅花了不到半年时间，并且一路绿灯，这与政府的主导密不可分。其中，区委、区政府、区政协、区人大四套班子全程参与，并给予了大力支持。宝安区慈善会第二届领导班子延续了第一届的做法，坚持的依然是政府主导模式。

第二，社会治理的现实需求是慈善会建立的主要背景。诚如以上所述，深圳市宝安区存在经济发展不平衡、社会需求激增的问题，需要建立慈善会。这是慈善会建立的主要背景。

（二）政府、慈善会的互动机制

在功能拓展中，必须建立一套完善的政府与慈善组织互动的机制。这为政府功能拓展提供了机制性的保障。在这个方面，宝安区政府和慈善会之间形成了三种合作机制。

第一，政府下达指令、慈善会执行指令机制。在这种模式中，政府发挥着主导作用，政府与慈善会形成了一种类似于上下级的组织关系。宝安区慈善会发展的十年中经历了三届区委书记，他们分别提出了三个指导理念：干净的慈善、互联网慈善和合力慈善。慈善会的运作基本都是按这三个理念执行的。首先是举办干净的慈善。本着高效、廉洁的原则逐步建立了相应的规章制度，制定了科学的《宝安区慈善会章程》和《宝安区慈善会财务管理制度》，并严格执行。明确社会捐赠资产性质，慈善金实行封闭式管理，坚持慈善金年度审计制度，并将审计报告和救助对象名单在《宝安日报》和宝安区慈善会网站上公开，接受社会的监督，提高了慈善会的社会公信力。审计也由区审计局执行发展到后来由第三方机构执行。2008年 1 月 17 日，区审计局出具《宝安区慈善会 2007 年度专项资金收支情况审计》报告。2015 年在全市区级慈善会中率先实施第三方审计。聘请中联会计师事务所有限公司深圳分所作为第三方审计机构，对 2014 年度慈善金的收支情况进行审计。另外,慈善会在运作过程中不收取任何费用,工作经费完全从政府划拨的用于购买服务的 200 万元经费中获得。其次是举办互联网慈善。2015 年慈善开创"互联网+"慈善捐赠模式,方便日常捐赠。新开通区慈善会微信公众号,拓展线上捐款业务;在邮政储蓄银窗口新增 150 个慈善募捐箱,善款用于"爱心书包"项目。最后是举办合力慈善。2016 年,宝安区慈善会积极落实区委提出的打造"合力慈善"工作要求,与区义工联、新安街道办、各街道商会签订推进公益慈善事业发展合作框架协议,把宝安区慈善事业的发展引向了一个新的高度。宝安区慈善会与区义工联、新安街道办、各街道商会等单位搭建平台,形成优势互补,开展多种形式的慈善活动,发挥自身优势,助力慈善发展,打造"合力慈善",让宝安的公益慈善事业向更广、更深、更高推进。

第二,政府、慈善会相互合作机制。在这种模式中,政府以一种合作方的身份参与到慈善会的活动中,两者是一种平等的关系。例如,慈善会举办"与爱同行"2016 年慈善微跑活动,慈善微跑活动由区慈善会、区工商联等共同倡导和主办。慈善会组织的慈善进校园活动也得到了区教育局的大力支持。还有其他许多活动都是由政府与慈善会以一种合作的方式开展活动。

第三,慈善会自主机制。在这种模式中,慈善会自主地与商会、企业、街道、社区等主体开展活动。慈善会在慈善募捐、救助、慈善项目大赛、设立冠名基金、慈善文化建设等方面都是自主开展的,所采取的运作方式也非行政化的方式,而是市场化的方式。

(三)功能拓展实现的四种路径

政府向慈善会的功能拓展,是通过四个渠道同时推进的。这也是功能拓展实现的四种路径。

(1)运作机制上的拓展。从慈善会的运作来看,与政府的行政化运作机制相对应,不管是慈善募捐还是项目资助,慈善会主要采用的都是市场化运作机制。第一,慈善募捐的主要募捐主体是商会、企业、企业家和社会公众,所有资本都是社会资本。第二,通过项目大赛等活动形式,引入市场竞争机制,实现行业的优胜劣汰。第三,通过项目对接、项目认领等活动形式,实现供给与需求相适应的市场运作机制。第四,通过项目评估,实现全面质量管理。第五,项目资助主要通过项目对接、项目大赛等形式实现社会资本与公共服务的对接,实现项目化管理。第六,在项目化管理中主要是通过签订合同或协议来完成，实现合同制项目管理模式。

市场化运作机制能更好地引导社会资本进入公共服务领域，推动公益慈善事业的发展。虽说政府也具备运用市场化机制的功能，比如近年来的"政府向社会力量购买公共服务"，但这种市场化运作机制的应用范围毕竟非常有限，并且受到官僚体制的局限，政府很难像慈善会那样在各领域、各层次、各主体都能深入实施市场化运作机制。因此，慈善会的市场化运作机制是对政府功能的一个重要拓展。

（2）身份转换上的拓展。身份转换改变了政府与社会的互动模式和政府与社会的二元结构。互动模式由政府直接与社会互动转变为由慈善会与社会互动模式，政府、社会的二元结构变成了政府、慈善会、社会的三元结构。这使得政府能从公共服务的直接提供者和对社会的控制者中抽离出来，既能有效地避免"政府失灵"，提供公共服务，又能避免政府与社会的直接对抗。

（3）合作方式上的拓展。这主要表现在由政府行政命令式转变成平等合作式。过去，政府与社会都是以自上而下的行政命令的方式进行互动，行政化色彩浓厚，导致"政府失灵"现象严重，公共服务质量低下，社会领域被严重挤压，社会力量没有发展空间。现在，慈善会以社会组织的身份替代政府与社会互动，在身份上不是上下级而是平等的，在方式上不是命令式而是合作式的。由此，极大地让渡出了巨大的社会发展空间，并且充分调动了社会力量的积极性。

（4）互动通道上的拓展。慈善会也成为社会力量进入政府和政治的一个新通道。慈善会与政府的关系紧密，获取政府资源也相对容易得多。过去社会力量只能通过政府进入政治领域的渠道，而今也能通过与慈善会合作，通过彰显自身的社会影响力获取政府认可，进而顺利进入政治领域。

（四）吸纳对象比较：精英吸纳与公众吸纳

社会吸纳的对象有两种：精英吸纳和公众吸纳。精英吸纳主要包括对商会、企业和企业家的吸纳，他们都是社会中的经济精英、政治精英和社会精英，他们手中都掌握着大量资源。而公众吸纳主要指对社会公众及其他组织的吸纳，主要包括街道和社区及其居民、慈善组织、学校、义工等。这两种吸纳从吸纳对象到吸纳的形式、领域和结果等多个方面都有区别。

其中，精英吸纳主要的吸纳对象包括商会、企业及企业家；吸纳形式包括设立冠名基金、慈善大赛、慈善项目对接、定向募捐、慈善拍卖、慈善晚会等；吸纳领域包括政治领域、经济领域和社会领域；吸纳结果包括精英成为名誉会长、名誉副会长、副会长、常务理事和理事，甚至被吸纳为政协常委等。

而公众吸纳主要的吸纳对象包括街道和社区居民、慈善组织、普通公众、弱势群体等，形式主要包括募捐、微跑活动、征文活动、宣传语的征集等，领域包括社会领域，结果主要包括奉献爱心、文化建设等。

从精英吸纳和公众吸纳的比较来看，除了对象、形式、领域和结果上的区别外，两者实际上形成了两种完全不同的吸纳模式，其区别如表3-4所示。精英吸纳是一种体制内吸纳，即慈善会通过制度设计将精英吸纳到慈善会内部甚至是政府内部，使精英进入决策核心层，精英的利益诉求得以实现，达到各主体的整合。而公众吸纳是一种体制外吸纳，即慈善会通过灵活的运作形式，通过动员公众参与慈善会活动，形成互动，公众的利益诉求得以表达，公众处于决策的边缘层。

表3-4 精英吸纳和公众吸纳的比较

类 型	吸纳主体	吸纳对象	吸纳形式	吸纳领域	吸纳结果
精英吸纳（体制内吸纳）	慈善会	商会、企业（企业家）	设立冠名基金、慈善大赛、慈善项目对接、定向募捐、慈善拍卖、慈善晚会等	政治领域、经济领域和社会领域	精英成为名誉会长、名誉副会长、副会长、常务理事和理事，甚至被吸纳为政协常委等
公众吸纳（体制外吸纳）	慈善会	街道、社区、慈善组织、学校、义工、公众	募捐、微跑活动、征文活动、宣传语的征集等	社会领域	奉献爱心、文化建设等

五 总结

综上所述，慈善会从成立到运作，都有很强的官方色彩，其理念由政府提出，其运作由各政府部门参与，政府通过嵌入式管理实现了对慈善会的控制，慈善会的功能实际上变成了政府功能的延伸和拓展。其实质是政府将一部分社会治理职能剥离出来，通过慈善会将政府的社会治理方面的功能发挥出来。

功能拓展的主要途径是吸纳，而吸纳不是通过政府来实现的，而是通过慈善会来实现的，慈善会成为政府与社会之间的一条重要的互动通道。因此，这种吸纳不是行政吸纳，而是一种社会吸纳，最终将吸纳对象主要是精英群体吸纳到体制中来，进入决策核心层。

慈善会通过吸纳将社会领域的各个主体都整合起来，就像慈善会理念里提到的"合力慈善"一样，慈善会与其他主体形成同盟，通过各种方式建立契约式的平等伙伴关系，共同致力于慈善事业，最终既实现了社会服务，又实现了政府对社会的"笼络"①。

社会吸纳中有两类主要的吸纳对象，即精英吸纳和公众吸纳，从而形成了两种吸纳模式：体制内吸纳和体制外吸纳。这两种吸纳模式具有明显的区别：精英吸纳是将精英吸纳到决策的核心层，而公众吸纳是将公众吸纳到决策的边缘层；精英吸纳达到了利益诉求的实现，而公众吸纳达到的是利益诉求的表达；精英吸纳体现在政治、经济、社会各个领域，而公众吸纳主要体现在社会领域。

六 延伸讨论

围绕慈善会的上述案例，我们认为还有如下问题值得深度探讨，此处仅抛砖引玉。

第一，慈善会与政府之间的关系问题。慈善会的官办性质给慈善会的运作带来了很大好处，包括公信力塑造、政府各个方面的支持、社会资源的获取等。但是，这同时也给慈善会带来了很多困扰，主要包括政府指导慈善会章程和管理办法的制定，接收和处理政府指令和行政任务，完成民政局等部门交代的其他行政事务等，这些对慈善会的精力有所牵扯。目前，慈善会逐渐壮大和成熟，但其应该如何进一步明确自身的功能定位，有待厘清。

---

① 裴松梅（Margaret M. Pearson）认为，笼络是国家创造出来用以建立国家与社会之间的互动通道，尤其是在这些经济精英没有代表自己利益采取独立行动之前试图吸纳他们。引自 Margaret M. Pearson, *China's New Business Elite: The Political Consequences of Economic Reform*, Berkeley: University of California Press, 1997, pp. 140–141。

第二，其他官办慈善组织是否也具备社会吸纳功能。慈善会的发展模式完全不同于西方的多元主义和合作主义模式。慈善会通过对政府功能的延伸和拓展，实现了与社会领域的同盟，实现社会吸纳，进而实现提供社会服务和政府控制的双重目的。其他官办慈善组织与慈善会又有所不同，其所采取的发展模式如何，慈善会的发展模式能否向其推广，也值得进一步思考和探索。

第四章　专业转型下的内部治理改革

在慈善组织蓬勃发展的今天，大多数慈善组织存在内部治理问题，如机构设置不清、职能分工不明、制度建设滞后以及公信力不足等。宝安区慈善会从2007年成立之初，就清醒地认识到了这些问题。宝安区慈善会的第一届慈善会会长（区纪委原书记）和第二届慈善会会长（区委原副书记），非常重视慈善会的内部治理建设，同时，慈善会借助宝安区法规处的力量，其内部治理经过十年的建设和完善，已然十分完备。宝安区慈善会在章程制定、职能和机构设置、人事制度改革、管理制度建设以及公信力建设上，不断完善内部治理，逐步形成了一套自己的经验。

一　制定科学合理的章程

由于宝安区慈善会是由宝安区区委区政府牵头发起成立的，所以宝安区慈善会具有明显的官方色彩，宝安区慈善会也因此定位于官办慈善组织。宝安区慈善会的会长和常务副会长都是区里面退下来的老领导，秘书长也是宝安区里的一名退休的处级官员，而负责日常工作的3名办公室人员也都是具有编制的公务员。

但是，官办慈善组织普遍面临诸多困境。尤其是如何保持慈善会的透明度，杜绝出现类似于"郭美美事件"的情况，成为慈善会的一个重要课题。为了解决这一问题，宝安区慈善会的首要任务便是制定章程。为了制定出科学可行的章程，宝安区慈善会除了向北京、上海等地学习以外，还参考了香港、台湾慈善组织的章程和管理制度。同时，召开了区内大型企业的座谈会，听取了各方意见。最后，章程出台，正式章程还通过区法规处进行了修改和完善，保证章程的规范性。宝安区慈善会的章程可以说是各方主体集体智慧的结晶，使得章程科学规范、合理可行。

二 完善职能和机构设置

在成立伊始，宝安区慈善会的机构设置还不健全，为了解决这个问题，慈善会花了很大精力，大力调整内部结构，最终成立了自上而下五个层级的组织结构。具体包括会员大会、理事会（及监事会）、常务理事会、会长办公室（及业务组）和慈善会办公室，如图4-1所示。

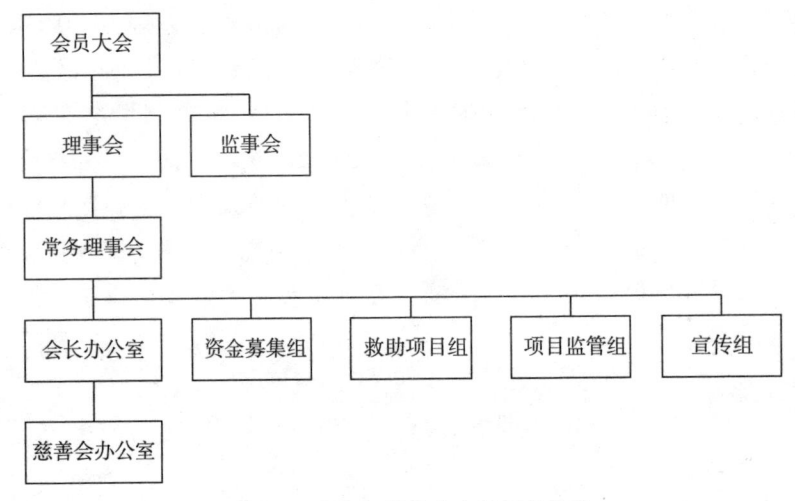

图4-1 宝安区慈善会内部组织结构

（1）会员大会。会员大会是慈善会的最高权力机关，负责制定和修改章程，组织选举和罢免理事，审议理事会的工作报告和财务报告，决定终止事宜，决定其他重大事宜。

（2）理事会。会员大会每届任期五年，在会员大会闭会期间，由理事会代行其职责。理事会是会员大会的执行机构，每年召开一次。理事会负责执行会员大会的决议、选举和罢免会长、常务副会长、副会长、秘书长；向会员大会报告工作和财务状况；决定设立办事机构、分支机构、代表机构和实体机构等职权。

（3）常务理事会。常务理事会负责在理事会闭会期间执行会员大会的决议，筹备召开会员大会，决定会员的吸收和除名，决定设立办事机构、分支机构、代表机构和实体机构，决定副秘书长、各机构主要负责人的聘任；领导本会各机构开展工作；制定内部管理制度职权。常务理事会至少每半年召开一次会议；在特殊情况下也可采用通信或书面形式召开。

（4）会长办公室。在理事会下，有会长办公室及四个业务组，分别是资金募集组、救助项目组、项目监管组、宣传组。这五个部门分别负责会内行政、资金募集、慈善救助、项目监管、对外宣传几项具体业务。

（5）慈善会办公室。慈善会办公室负责慈善会日常工作，并向会长办公室负责。

此外，慈善会还设有监事会，主要负责检查本会财务；对会长、常务副会长、副会长、秘书长、常务理事执行本会职务行为进行监督；当其行为损害本会利益时，提出并予以纠正；提议召开临时会员大会；列席会员大会、常务理事会和理事会。

这种职能机构设置，通过设置两层理事会，并单独设立会长办公室，厘清了官办慈善组织的内部层次结构，凸显了理事会和会长的重要性。同时，通过设置资金筹集组、项目监管组和对外宣传等业务组，有助于建立适合市场机制运行的组织机构。

三 推进人事制度改革

（1）宝安区慈善会作为官办慈善组织，充分吸纳各方主体。根据该章程规定，公职人员在慈善会领导层所占的比重不能超过1/3。因此，在慈善会中既有现任政府官员和前任政府官员，又有大量的企业家代表。慈善会积极吸纳商会、企业及企业家成为慈善会的会员，让他们担任区慈善会的副会长、理事等职。

（2）优化慈善会内部人员比例。宝安区慈善会通过十年改革，不断优化内部人员构成比例。目前，慈善会内部人员构成情况是：会长1名、荣誉会长2名、常务副会长1名、副会长10名、秘书长1名；名誉职务成员，即名誉会长共14名；名誉副会长共3名；监事长1名、监事2名；常务理事成员共17名；理事共52名；办公室人员共7名（见表4-1）。

表4-1 2016年宝安区慈善会内部人员构成情况

职位	会长	荣誉会长	常务副会长	副会长	秘书长	名誉会长	名誉副会长	监事长	监事	常务理事成员	理事	办公室人员
人数	1	2	1	10	1	14	3	1	2	17	52	7

通过观察表4-1我们可以发现，宝安区慈善会内部人员结构是典型的纺锤形结构。这一结构的特点是"中间大，两头小"。其中，最为突出的是名誉会长、理事、常务理事和办公室人员这几项。这具有明显的合理性。首先，国际领域的慈善组织普遍具有较为庞大的名誉会长、理事、常务理事会团队。这有助于扩大慈善组织的社会资源渠道，提升慈善组织的筹资能力和社会影响力。所以，宝安区慈善会构建一个庞大的名誉会长、理事、常务理事团队是合理的。其次，宝安区慈善会建立一支庞大的办公室人员团队，而且这一团队是相对专业的。这有助于高效地筹集资金，开展项目。

（3）注重人才队伍建设。宝安区慈善会非常重视人才队伍的建设。这首先表现在宝安区慈善会十分重视内部员工的专业能力和慈善能力的提升。慈善会的会长办公室经常组织主题学习。比如，在《慈善法》出台时，会长办公室就组织学习了《慈善法》的精神和具体的制度，以确保做到依法办慈善。会长办公室还经常组织工作人员学习国际上最前沿的慈善领域的理论、探索和经验。其次，慈善会每季度会召开一次会长办公会，定期组织人员到香港等地区考察、学习与交流。

通过上述几项工作，宝安区慈善会成功地找到了一个契合于现实环境的组织定位，搭建起了一个合理的内部架构，构建起了一套有实力的管理团队。这也是宝安区慈善会得以在十年间快速发展的重要原因之一。

四 完善各项制度建设

宝安区慈善会自成立以来，一直致力于打造"透明慈善""阳光慈善"。在这样的理念指导下，宝安区慈善会非常重视管理制度建设，并用制度来保证慈善的透明度。经过十年不断探索，逐渐形成了一套较有特色的做法。这主要体现在财务制度建设、审计制度建设、救助制度建设三个方面。

（1）财务制度建设。在慈善会成立之时，其拥有创始基金6500万元，其中政府支持了900万元，企业捐赠了5600万元。面对一笔如此庞大的初始基金，如何有效、合理地使用成为一个亟待解决的问题。对此，宝安区慈善会采取了封闭式的分类管理做法，包括三项举措。

一是把慈善资金划分为三个部分：慈善会的会员活动经费、慈善会的日常办公经费、用于慈善事业的慈善金。

二是资金采取平行管理模式，并建立了严格的分级审批制度。慈善资金及其利息，除章程另有规定外，必须专款专用，不能交叉，不得挪用。慈善会建立了严格的审批制度。其主要内容包括：

慈善会会员活动经费的使用，5万元（含本数）以下由常务副会长审批；5万元以上至10万元（含本数）以下由会长审批；10万元以上至30万元（含本数）以下由会长办公会审批；30万元以上由常务理事会审批。

慈善会的日常办公经费属于财政拨款的经费，按照财政资金的预算管理办法进行管理。日常办公经费中的日常公用和项目支出经费，由本会工作办公室负责掌握使用。其中，1000元以下由办公室主任审批；1000元以上至1万元以下由秘书长审批；1万元以上至3万元以下由区民政局局长兼任副会长审批；3万元以上至5万元以下由会长或常务副会长审批；5万元以上由会长办公会审批。

慈善会用于慈善事业的慈善金，要求每一分钱都必须用于慈善事业，且每一分钱的使用，都并非由慈善会的某一个领导，包括会长和常务副会长单独决定，而是经集体领导讨论决定。其具体规定是，使用不定向慈善资金200万元（含本数）以下的，由会长办公会审批；200万元以上至500万元（含本数）以下的，由常务理事会审批；500万元以上的，经理事会通过后方可使用。这便杜绝了领导出于私情划拨资金的情况。

三是慈善会每一笔资金的使用都坚持专项核算的原则。慈善会按照国家统一的会计核算制度，设置会计科目，进行复式记账，并根据审核无误的会计凭证登记账簿、编制财务会计报表，实行电算化管理。

（2）审计制度建设。慈善会之前负责审计的主管部门是审计局。但是，为了进一步提升慈善会的公信力，打造一个更加规范、透明、公开的组织，慈善会修改了审计制度。慈善会通过学习和借鉴国际慈善组织的审计经验，将审计工作在审计局负责审计基础上，又加入了第三方组织审计，并制定了配套的制度。其中，由政府部门拨款的200万元办公经费，仍由审计局负责审计，而社会筹集的慈善金，则由第三方来审计。

（3）救助制度建设。为了进一步完善慈善救助工作，慈善会先后制定了一批慈善救助制度，包括《关于资助户籍困难居民重大疾病医疗暂行办法》《关于资助劳务工重大疾病医疗暂行办法》《关于自然灾害和突发性重大事故救助暂行办法》《关于资助驻地困难官兵试行办法》《关于个案救助暂行办法》等。而且，在实践中，慈善会不断完善相关制度，逐步放宽了救助的标准和范围。

此外，慈善会还结合专项资金、冠名基金的情况，制定了一大批专项管理规定。比如，针对自闭症，慈善会就制定了专门的管理办法。另外，为了进一步完善各类管理制度，慈善会还聘请了多名法律顾问，以确保慈善会依法办慈善。

五　进行信息披露改革

信息披露不仅是提高公益慈善组织公信力的重要举措，也是加强慈善组织自身建设的内在要求。有鉴于此，宝安区慈善会对会员层面的信息披露做出了专门规定：慈善会的会长办公室等部门每个季度应向监事会报告慈善会的收支情况，然后在年会上也应向会员汇报慈善金一年的使用情况。正如以上所述，为了保证财务报告的真实性、合法性和公允性，慈善会财务交由第三方审计。

在对社会层面信息披露方面，宝安区慈善会充分发挥传统媒体与新媒体的作用。其主要采取的披露方式有如下几种。

第一，通过慈善会的官方网站进行披露。通过慈善会的官方网站，公众不仅可以看到慈善会的基本信息，包括慈善会基本情况介绍、慈善捐助、救助办法、制度、章程等内容，还可以看到慈善动态、慈善文化等内容，特别是能了解到慈善会的收支情况。这具体包括接受捐赠款物的时间、捐赠来源、接受捐赠款物的性质（定向捐赠或非定向捐赠）、接受捐赠款物的内容（捐赠类型、捐赠数额），以及支出的时间、对象、内容等。同时，公众还可以查询到每笔救助的记录，包括救助人的姓名、救助的类型以及救助的数额等内容。此外，慈善会的官方网站中还披露了慈善会走入学校、社区、企业等的相关信息。

第二，利用微信公众号平台进行披露。慈善会建立了微信公众号。慈善会的微信公众号平台所披露的信息与官方网站平台基本一致，但微信公众平台的信息的更新相对于官方网站更快。另外，微信公众号还推送涉及慈善改革、慈善经验等方面的文章，让读者了解当前慈善事业发展方面的相关情况。

第三，利用传统媒体披露信息。除了利用网络媒体、新媒体进行信息披露外，慈善会还充分利用传统媒体来进行信息披露。慈善会不仅创办了自己的杂志《善源》，在上面刊登一些慈善类的文章；同时还把一些慈善的事迹、爱心的故事、慈善的活动编成了一个读本,叫作《我与慈善一同成长》,并将这本书与学校的德育教育融合起来,跟学校的主题活动、主题班会相结合,让传统的慈善理念融入教育当中,引导人们向善,弘扬一种善。

同时,每周五在《宝安日报》上,慈善会都有一个专栏,专门宣传慈善会的人物、慈善的知识理念、救助情况、慈善活动等内容,比如龙凤茶的冠名基金启动仪式,义工助力"酵素改变生活"环保活动,"慈心暖人间——善举行宝安"的大型募捐活动等。

六 结语

宝安区慈善会在章程制定、职能和机构设置、人事制度改革、管理制度建设以及公信力建设上,完善了慈善会的内部治理,完成了自身专业化建设,使得慈善会的专业水平得到较大提升,慈善会每年的筹款额不断上升。同时,宝安区慈善会的公信力也越来越强,社会影响力不断扩大。在宝安区慈善会的推动下,慈善会制作的一首会歌,自2015年4月24日发表以来,在短短一年多时间内,已经传遍了宝安,传播到了每一个角落。由此可见,慈善会的社会影响力已十分巨大。此外,通过将社会知名人士纳入慈善会内部,慈善会也完成了对社会精英群体的吸纳。

第五章　专业转型下的募捐拓展

慈善募捐是任何慈善公益事业的起点，也是慈善组织实力的体现。若是不能有效地筹到款项，慈善公益组织就无法开展相应的慈善活动，不能为社会上有需要的群众提供公益产品或服务，不能解决相应的社会问题。如此，则慈善组织的目标和使命也就无法完成。宝安区慈善会自成立起，就非常重视筹款能力的建设，成立各种专项基金和冠名基金，资助和管理各种慈善项目，使慈善会成为慈善基金管理和慈善项目管理的专业服务提供者。慈善会不断与时俱进，举行公众喜闻乐见、积极参与的公益活动筹款，并利用移动互联网筹款，不断提升慈善会的影响力和筹款能力。

一　慈善募捐发展趋势

近年来，中国慈善募捐领域出现了几个明显的发展趋势。

（一）互联网对慈善事业的影响不断深化

互联网已影响到慈善产业链上的各个环节，其中受影响最深的是募款环节。互联网募款进一步放开公募权的限制，有些平台允许不具备公募资格的慈善机构甚至是个人发起项目，对全国的公众募款；互联网也使公益行业跳出了传统媒体的限制，各类主题的项目都可以低成本地利用各种互联网新媒体完成项目发起和实施；互联网还进一步提高了慈善机构的透明度，促进各个主体的互动……总而言之，互联网的发展有力地促进了中国慈善产业的发展。目前，中国互联网募款的平台主要包括：自建网站的募款平台，比如中国扶贫基金会在线捐赠平台；网店募款平台，比如淘宝公益网店；基于社交媒体的募款平台，比如新浪微公益平台；公益众筹平台，比如轻松筹平台。这些公益平台为公益组织的募款、执行等各个环节提供服务，越来越多的公益机构通过互联网渠道募款，并取得了良好的效果。2014年，新浪微公益、腾讯公益、支付宝E公益、淘宝公益网店四个互联网募款平台的筹款总额高达 4.28 亿元，同比增长 42.6%。[①]

（二）全民创造、共同参与

慈善行业的发展经历了几个阶段：早期，慈善行业的主要参与者是机构和企业，普通大众只是旁观者；渐渐地，公众可以通过慈善机构或相关平台参与慈善事业；如今，得益于互联网的发展，慈善行业呈现"由机构和企业合作搭建平台，引领并带动大众参与慈善"的特征。比如，腾讯公益举行的"99 公益日"是由腾讯公益联合其他公益机构、企业联合举办，鼓励全民参与的公益活动；《奔跑吧，兄弟》主办方发起了"阳光跑道公益健行计划"，在邀请公众参与全民健身的同时，引领公众为贫困学校献爱心；一些手机应用鼓励公众通过捐步等方式参与慈善（如"行善"），增加了公众做公益的趣味。

（三）培养公众定额捐赠的习惯

2009 年以来，一些慈善机构推出了许多月捐项目。比如"壹基金月捐""腾讯月捐"等。2009 年，腾讯推出"腾讯月捐"平台——捐赠者选择平台上的公益项目，并且每个月固定向该项目捐赠 10 元，致力于培养捐赠者的慈善习惯，推进慈善事业的发展。"腾讯月捐"平台推出后，一度成为腾讯公益平台上筹款最多的子平台。

（四）社交网络对慈善的影响不断加深

社交媒体实现了社会上大量陌生个体的互联，使得发起和组织一项大型的慈善活动变得简单而又影响深远。比如，在腾讯"一起捐"平台上，网友可以绑定一个朋友的 QQ 号码，到了每月的捐款日，"一起捐"在同一个账号扣除 20 元，即两个人每月的固定捐款，为网友带来了"一人捐款、两个人一起做公益"的乐趣。《2015 腾讯公益数据报告》认为，社交公益是 2015 年的一个新亮点。据该报告分析，一个人发起"一起捐"，平均能带动 5.6 个人捐款。另外，近年来出现了一些以社交网络为基础的众筹平台，比如，轻松筹平台鼓励网友通过微信朋友圈募款。据统计，从成立到 2016 年 2 月，轻松筹平台已上线了 23465 个公益项目，总支持人次超过 3793508 人，筹款总额约为 187522653 元。

在这一整体发展趋势下，慈善会的募捐不断发展，其募捐金额不断扩

---

① 《2014 年度中国慈善捐助报告》。

大，募捐方式也日益翻新。

二 自成立以来的募捐概况

诚如以上所述，随着中国慈善募捐领域的不断发展，慈善会的募捐金额不断扩大，募捐方式也日益翻新。在这十年中，其经历了几个重要的发展阶段。

(一) 起步

深圳市宝安区慈善会，作为一家区级的慈善会，自 2007 年成立以来至 2016 年 11 月，募捐总额达 5.20 亿元①，募款成绩斐然（分年度筹款总额，见图 5-1）。从图 5-1 中我们可以看到，在成立当年，慈善会即筹款 6000 多万元。在成立后的第二年，其更是筹得约 2.15 亿元，其中为 2008 年汶川地震募得善款 1.72 亿元。2009 年，尽管国内没有发生大型的自然灾害，加上 2008 年已经募集了巨额的资金，募款金额仍达到 1302.65 万元，其中为台湾莫拉克风灾募得 300 万元，为汶川地震继续募集 188.63 万元。2010 年，国内发生了 3 个比较大的自然灾难（西南旱灾、青海玉树地震和舟曲

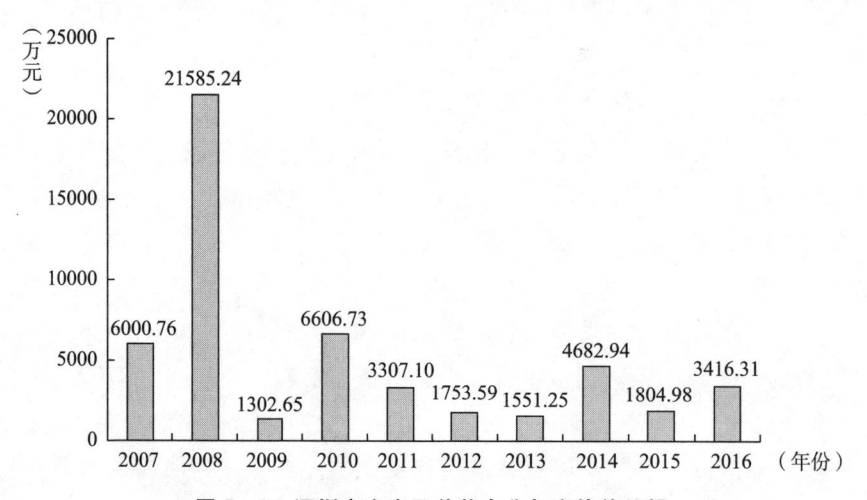

图 5-1 深圳市宝安区慈善会分年度筹款总额

注：2016 年为 1~11 月数据。
资料来源：深圳市宝安区慈善会。

---

① 文中所有实用的筹款数据均来自深圳市宝安区慈善会及其所属网站公布的数据。下文不一一注明。

泥石流），慈善会迅速行动，分别为3个自然灾难募得善款36.43万元、3575.07万元和34.71万元，当年募款总额达到6606.73万元。尽管受到"郭美美"事件的不利影响，2011年仍募得3307.10万元。

(二) 转折、转型和创新

"郭美美"事件后，慈善会经历了2012年和2013年的募款小低谷，分别募得约1735万元和约1551万元。2013年发生了四川雅安地震，慈善会为雅安地震筹款近907万元，这个数量与为2008年汶川地震或2010年玉树地震所募得的资金有较大差距。尽管慈善会一直以来都积极为自然灾害募捐，但2014年云南鲁甸地震后仅募得47.7万元，这反映了当时中国慈善公益行业悄悄发生着的重大改变：互联网与慈善的深度结合带来了公共讨论的空间，社交媒体实现了社会上大量陌生个体的互联，使得发起、组织和实施一项大型的公益活动变得简单而又影响深远；个体和企业的捐赠越来越重视慈善组织的公信力、项目执行的透明度及项目本身的参与性和趣味性。

过去，慈善主要是为灾难而捐的悲情慈善，主要由具有政府背景的公办慈善组织来开展募捐和赈灾，这些慈善组织所开展的活动是政府救灾的一种补充。2008年汶川地震后，大量民办基金会和公益组织开始加入公益行业，部分公办基金会在项目实施方面的低效率和不透明，在互联网时代广为诟病，这使得其他公办基金会的募款也受到一定的负面影响。许多公众宁愿选择信任新创立的、较为公开透明的民办慈善组织。比如，雅安地震中仅壹基金一家就筹集了2.4亿元善款，超过了几乎所有公办的基金会。这一方面是由于2011年以来红十字会和宋庆龄基金会等官办基金会的"丑闻"间接伤害了其他公办基金会的信誉，另一方面也是因为民办的慈善组织更接地气，对公众的诉求回应更为迅速，并且开通各种捐赠渠道，比如支付宝、天猫公益店、新浪微公益、腾讯乐捐、易宝、银行、电话语音捐款、银联易办事手机捐款等多种捐赠方式，努力使捐赠简单、方便、畅通和安全。

互联网社交媒体的发展，使信息的传播更加快速和多元。在此情况下，公众对于了解慈善组织善款去向的要求不断提高。那么，慈善组织又如何在日趋激烈的竞争中打造自己的独特优势呢？慈善会在打造自己的优势方面做出了有益的探索，具体而言包括以下几点。

2014年慈善会尝试为企业设立冠名基金，第一个冠名基金为"宝安区青年企业家协会关爱劳务工子女基金"，设立时即筹得16.37万元。2015

年，继续设立冠名基金，新成立"宝安区福永家私协会关爱基金"，筹得20万元。2015年还举行了一系列慈善拍卖活动，比如"关爱先天心项目拍卖活动"和"茶文化研究会专项资金拍卖活动"，分别募得491.5万元和7.75万元的善款。冠名基金为有心做善事，但无力自己管理慈善基金的企业提供了一个非常好的选择。2016年新增多个冠名基金，如"华山论剑慈善关爱基金""国饮益生茶关爱老人基金""宝安民建慈善关爱基金""深圳白沙溪黑茶慈善关爱基金"。冠名基金2016年筹款达145.71万元。

2016年，除了冠名基金有了大幅度增长外，慈善会还采取了公益慈善项目大赛企业认领项目的筹款新方式，在慈善会举办的第二届公益慈善项目大赛上，企业共认领了7个项目，筹款125万元。通过慈善项目大赛和企业认领项目相结合的方式，慈善会创造性地搭建了有爱心的企业对接社会需求的平台。除了日常的扶贫助困工作，慈善会也积极拥抱新公益和快乐慈善，组织"与爱同行慈善微跑活动"，筹集善款71.68万元。2015年，慈善会开通微信公众号接收微信捐款，同年收到微信捐赠2139.97元。2016年，慈善会收到微信捐赠18507.88元。

（三）日常筹款能力持续增强（扣除灾难筹款）

扣除异地重大自然灾难的专项筹款后，慈善会的日常筹款总额如图5-2所示。从图5-2中可以看出，扣除灾难筹款，慈善会在创立当年筹得的

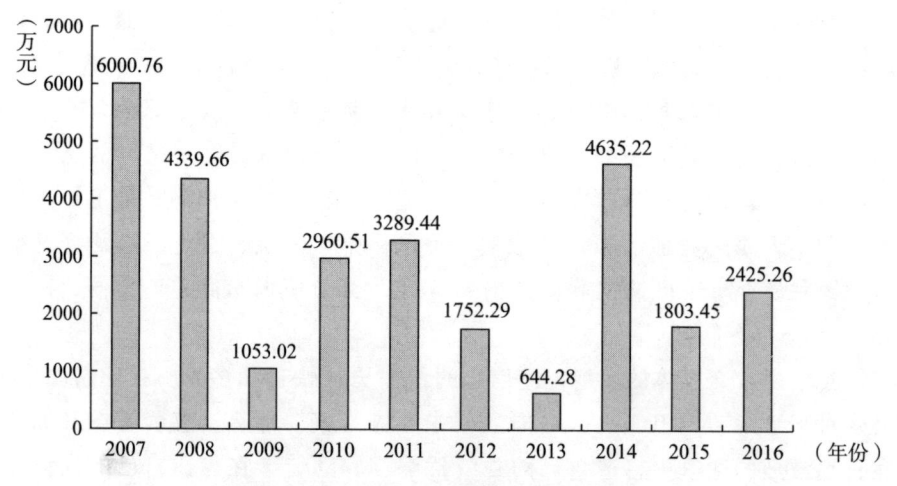

图5-2 扣除灾难筹款的日常筹款额

注：2016年为1~11月数据。

资料来源：深圳市宝安区慈善会。

金额最高，2014年次之，2008年再次之。2009年为汶川地震募捐后一年，由于灾难募捐的挤出效应，日常募捐额较少。2010年和2011年，日常捐赠金额逐步上升至约3000万元。2012年和2013年日常筹款数额较低，则是因为受到其他官办基金会丑闻的不利影响和大量新生的民办慈善基金会的有力竞争所致。值得一提的是，慈善会在2014年的日常筹款总额达到4635.22万元，仅"慈心暖人间——善举行宝安"活动就筹得善款3044万元。从2014年起，慈善会进行了筹款能力建设，对筹款方式进行了较大的改革和创新，其中包括设立冠名基金，开展各种慈善拍卖活动，进行广泛的慈善文化宣传，举办公众参与的慈善微跑和慈善晚宴。

（四）定向与非定向捐赠同时增长

根据对2014年以来捐赠明细的分析，我们发现非定向捐赠的笔数更多，但平均捐赠额显著小于定向捐赠。从表5-1可知，不论个人还是企业，非定向捐赠的均值和中位数都显著小于定向捐赠的均值和中位数，即捐赠人对于定向捐赠更为慷慨，从图5-3和图5-4也可以看出，不论是个人还是企业，在各个年份，定向捐赠平均捐赠金额和捐赠金额的中位数都要高于非定向的捐赠，即企业对于定向捐赠更为慷慨。从捐赠的笔数上来看，个人仍然较多地进行非定向捐赠，企业非定向的捐赠笔数仍有所增加，但定向捐赠的笔数增长非常快（2016年只统计了上半年的数据，实际捐赠笔数应该翻倍），详见表5-2。这是慈善会适应新时代捐赠人的需求——希望能够看到用自己的钱去做了什么事情，创新设立冠名基金和各类专项基金所带来的新的增长点。这也反映了广大企业信任慈善会的管理水平和专业能力，愿意委托慈善会实现企业的慈善之心。

表 5-1 个人与企业定向捐赠情况

单位：元，笔

捐赠者	非定向捐赠			定向捐赠		
	均值	中位数	捐赠笔数	均值	中位数	捐赠笔数
个人	3107	100	663	39197.33	1000	93
企业	28573	2000	435	121441.3	20000	115

注：统计时剔除了募捐箱筹集的捐款以及个人通过企事业单位或街道募捐并统一捐赠的数据。
资料来源：根据慈善会官网公布的2014年1月至2016年6月的捐赠明细计算而来。

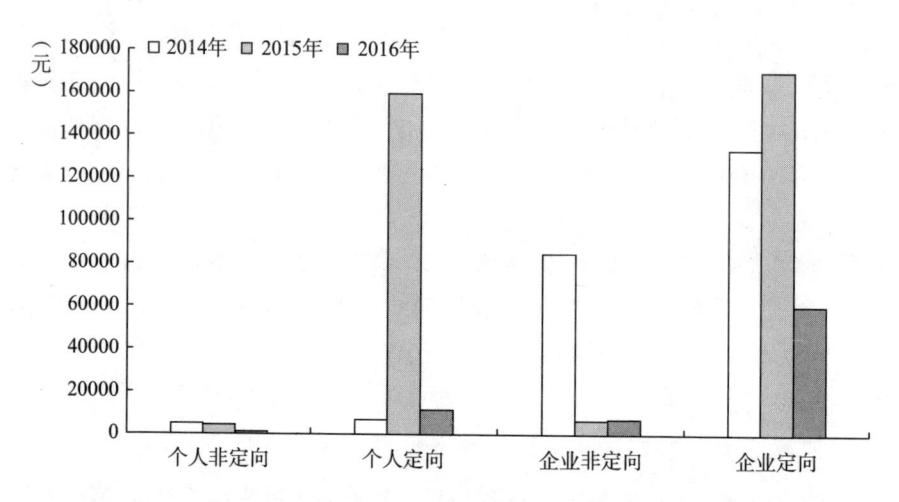

图 5-3 个人和企业的非定向与定向平均捐赠金额的时间趋势

注：统计时剔除了募捐箱筹集的捐款以及个人通过企事业单位或街道募捐并统一捐赠的数据。

资料来源：根据慈善会官网公布的 2014 年 1 月至 2016 年 6 月的捐赠明细计算而来。

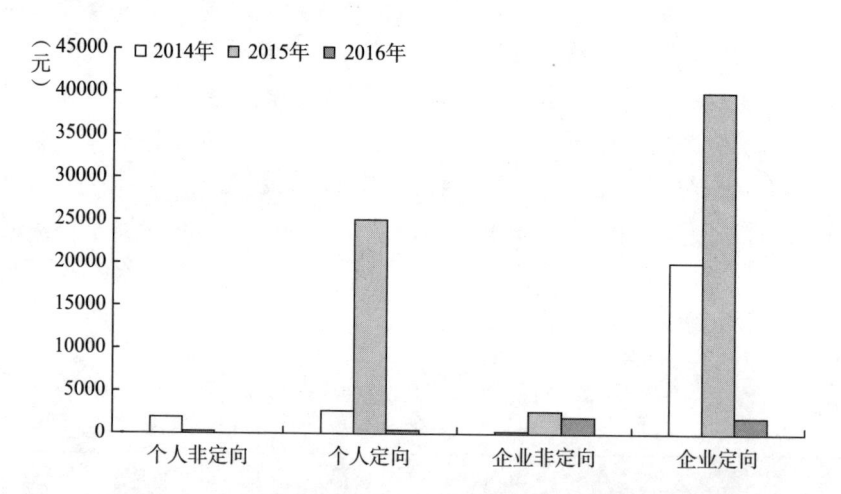

图 5-4 个人和企业的非定向与定向捐赠金额中位数的时间趋势

注：统计时剔除了募捐箱筹集的捐款以及个人通过企事业单位或街道募捐并统一捐赠的数据。

资料来源：根据慈善会官网公布的 2014 年 1 月至 2016 年 6 月的捐赠明细计算而来。

表 5-2 非定向与定向的捐赠笔数

单位：笔

捐赠者	非定向捐赠			定向捐赠		
	2014 年	2015 年	2016 年	2014 年	2015 年	2016 年
个人	215	206	242	210	21	18
企业	122	210	103	18	52	45

注：统计时剔除了募捐箱筹集的捐款以及个人通过企事业单位或街道募捐并统一捐赠的数据。由于 2016 年数据只统计至 2016 年 6 月 30 日，所以只有半年数据，因此 2016 年全年捐赠的笔数应该乘以 2。

资料来源：根据慈善会官网公布的 2014 年 1 月至 2016 年 6 月的捐赠明细计算得来。

三 个人（公众）筹款

（一）充分利用慈善会优势，发动公众筹款

2009 年，宝安区慈善会举行了"慈善捐赠月"活动，重点在社区、企业和学校等地方举办"一日捐""一元捐"活动，同时还开展多种形式的慈善宣传活动，致力于让"人人可以做慈善"的理念家喻户晓。比如，2009 年 11 月 2 日，宝安区慈善会在景旺电子（深圳）有限公司开展"一日捐"活动，2300 名员工纷纷将 5 元、10 元或 100 元不等的一日工资投进慈善募捐箱中。景旺公司总裁刘绍柏先生表示，在员工捐款的基础上，公司会将善款补足 20 万元整并交给宝安区慈善会，为慈善事业尽一份力。[1]

除了在特定企业、社区等地点开展募捐活动，宝安区慈善会还在街头，向不同阶层、不同背景的群众募捐。比如，2009 年 11 月 9 日下午，宝安区慈善会、区义工联联合组织宝安义工，在天虹商场前进店和华润万家商场丽晶国际店前举行了"慈善一日捐"街头募捐活动。据了解，活动募集到的善款直接存入宝安区慈善会捐赠账户，用于需要帮助的困难群众。

"慈善捐赠月"的成功尝试使慈善会认识到设置募款箱可以较好地动员公众募款。为了更加方便公众捐赠，也为了使更多公众参与公益事业，慈善会在 2013 年前后，在某些公共场所、特定单位长期设置募款箱，让每一个希望献爱心的公众在办事的同时，还可以为有需要的人捐款。在特定地

---

[1] 《宝安区慈善月活动得到热烈响应》，《深圳特区报》2009 年 11 月 6 日。

点长期设置募款箱的筹款方式取得了良好的效果。比如，2013年10月，慈善会首次为"关爱自闭症儿童"募款项目在公共场所（宝安区婚姻登记处的大厅）设置第一个募捐箱，即采用项目管理式开展救助，每个募款箱为特定项目募款，且专款专用。2014年1月10日，宝安区慈善会工作人员首次开启募款箱并清点箱中善款，仅3个月，募捐箱里即募集了8024.03元。此后，宝安区慈善会还在大型商场、酒店、企业、银行等公共场所为特定慈善项目设立募捐箱，并适当安排慈善义工到相应的募捐箱旁倡导和组织爱心人士捐款。

经过以上几种募款活动的尝试之后，2014年，宝安区慈善会举行了"慈心暖人间——善举行宝安"的募款活动，进一步动员公众捐款，致力于提升广大市民的公益理念和推动宝安公益事业的发展。据了解，此次活动经过区慈善会负责人深入街道、社区、企业、学校，广泛听取各界人士对募捐活动的意见和建议，进行充分调研，召开专题会议研究募捐方案后，才最终确定了"慈心暖人间——善举行宝安"的活动主题。活动分为几个部分："一十百千万"募捐活动，即号召中小学生捐1元，普通市民捐10元，公职人员和个体工商户捐100元，一般企业捐1000元，规模以上企业捐1万元；在部分学校、医院、社区、企业和金融机构开展全民参与募捐试点活动；联合区义工联举办街头募捐活动，在主要公共场所设立慈善捐款箱，在商场、酒店、工厂、车站、社区等人流密集地设置定点募捐箱；举办"慈心暖人间——善举行宝安"文艺晚会等。

此次募捐活动的一个最大特点是全民参与，着力于打造"人人公益"。据了解，在慈善会和各街道的精心组织和层层发动下，各单位、企业、社区合力动员了热心公众献爱心。比如，2014年3月5日"学雷锋纪念日"当天，宝安区慈善会在驻港部队某团举行"慈心暖人间——善举行宝安"慈善募捐活动，部队官兵们纷纷将爱心善款投进募捐箱，1元、5元、10元、20元、100元……据了解，该团的捐赠总额为19309.5元。另外，宝安区的义工们还在街头募捐，市民热情捐出1元、2元、10元、50元甚至上百元，以爱心诠释"慈善宝安"。企业家也积极履行社会责任，用爱心回报社会。民间公益热情被充分激活，爱心接力传遍宝安每个角落。据统计，在短短一个多月时间内，"慈心暖人间——善举行宝安"活动的募款额就达3044万元。据统计，截至2014年6月，仍有爱心人士向"慈心暖人间——善举行宝安"活动捐款。该活动取得了非常好的效果，图5-5是2014~

2016 年个人捐赠的情况。图 5-5 中显示，2014 年的活动带来了个人捐赠数额的大幅增加。

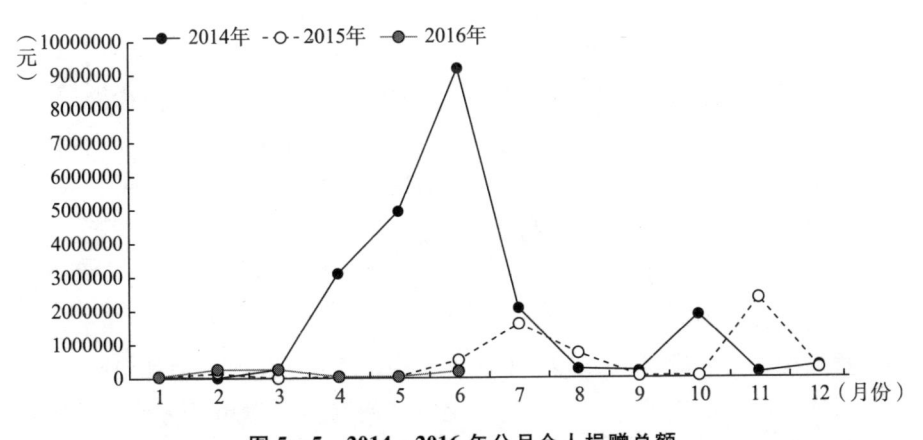

图 5-5　2014~2016 年分月个人捐赠总额

资料来源：根据慈善会官网公布的 2014 年 1 月至 2016 年 6 月的捐赠明细计算得来。

（二）运用互联网募款

除了利用传统模式动员公众捐款，宝安区慈善会也开始运用互联网技术促进募款及宣传公益理念。

深圳市宝安区慈善会较早开通了网站，并设置了慈善会概况、慈善动态、慈善项目、慈善捐助、慈善志工、慈善救助、慈善文化和慈善互助这几个频道。"慈善会概况"介绍了慈善会的相关信息；"慈善动态"则介绍了慈善会的重大事件、重大项目以及相关的媒体报道；"慈善文化"公示了慈善周刊的内容，并介绍一些慈善会在企业、社区、校园开展的慈善活动。为方便公众筹款，慈善会在"慈善捐助"子平台公布了慈善会的捐助账号以及捐助热线；为进一步提高慈善会的透明度，"慈善捐助"子平台还公布了慈善会的收支明细、捐赠记录等信息；为了向捐助人提供相关的激励，"慈善捐助"子平台特别列举一些突出个人和企业。为了方便求助人，慈善会在"慈善救助"子平台公示了具体的救助办法，以及求助人申请救助的流程。网站成立以来，达到了宣传区慈善会本身及其公益理念的效果，并进一步提高了区慈善会的透明度，间接促进了区慈善会的募款工作。

2015 年 5 月，慈善会成立微信公众号并开通微信募款通道，这进一步拓展了区慈善会的募款渠道，也方便了网友捐赠。慈善会的微信平台共有"爱心捐助、会长善言、关于我们"三个子平台。其中，"爱心捐助"子平台开通了"我要捐款"的募款通道,并公布收支明细和救助记录;其余两个子平台公布了慈善会的相关信息。在"我要捐款"募款平台上,网友可以查看慈善会的品牌项目、冠名基金以及专项基金,每个项目都公布"项目介绍、项目动态、已筹数、捐款人数、开始和结束时间"等信息;从公布的信息来看,绝大多数项目都是长期有效的。关注公众号的网友,可以通过微信平台"一键式"为合意的项目捐款,而且还可以选择"实名捐助,微信捐助以及匿名捐助"中的任一方式进行捐款。截至2016年11月6日,微信平台共收获了2652份网友的捐赠。

宝安区慈善会公众号的建设受到有关领导的充分肯定。比如,民政部副部长高晓兵鼓励慈善会推广微信募款渠道。2016年9月23日,第五届中国公益慈善项目交流展示会(以下简称"慈展会")在深圳会展中心开幕。作为慈展会有史以来第一个分会场,宝安区新安街道海裕社区分会场于当日上午正式亮相。民政部副部长高晓兵、民政部社会福利和慈善事业促进司司长俞建良、民政部社会福利和慈善事业促进司副司长孟志强、广东省民政厅副厅长饶美奕、深圳市委常委田夫、宝安区委书记黄敏等一行前往分会场参观,高晓兵在参观宝安区慈善会展区后给予了高度评价。在宝安区慈善会展区,会长张洪华向高晓兵一行介绍了慈善会近几年的工作情况。高晓兵一行对宝安的慈善工作给予高度肯定,并且拿出手机扫二维码进入宝安区慈善会微信公众号,通过在线捐款功能献出自己的一份爱心。高晓兵表示,微信捐助的方式有效拓宽了捐赠渠道,方便群众随时参与慈善,值得推广。

另外,宝安区慈善会还借助互联网提高公众参与度,推动公益活动的宣传。比如,宝安区慈善会第二届公益慈善项目大赛还增加了网络传播投票的环节。据相关数据显示,网络投票环节于2015年12月14日开始,4天之内阅读量达3.4万,投票数超过6万。利用网络投票的方式,既使公众进一步了解公益项目,提高公众参与度,又宣传了公益项目以及公益慈善项目大赛。

(三)体验式活动募款

近年来,体验式的募捐活动引起了较大的关注。2014年"冰桶挑战"风靡全球,"冰桶挑战"不仅取得了良好的募款效果,还让更多人知道被称为"渐冻人"的罕见疾病——"肌肉萎缩性侧索硬化症",并加入帮助"渐冻人"的行列中。2015年,随着全民健身热潮的兴起,一些公益机构举办了大型的体验式配捐活动，引起了公众的广泛关注。比如，2015年9月9日，腾讯公益举办了首届"99公益日"活动。据统计，在3天之内，活动捐赠额高达1.27亿元，捐款人次高达205.3万，创下2015年国内互联网的筹款纪录。[①] 在"公益+运动"的募款模式下，公众在运动的同时还能参与公益事业，提高做公益的趣味和体验感；公益机构通过此类活动既完成了募款目标，又宣传了公益机构本身及其公益理念。

宝安区慈善会也举行了"公益+运动"的活动——"慈善微跑"，并致力于将"慈善微跑"打造成品牌活动。2016年4月，中国银行深圳宝安支行与宝安区慈善会、宝安区工商联、宝安区义工联合会在宝安第一外国语学校共同举办了"与爱同行"公益微跑活动。据了解，当天参与慈善微跑活动的爱心人士超过2000人，活动筹集了来自亚忆电子（深圳）有限公司、深圳市美克能源科技股份有限公司等10余家爱心企业及广大爱心人士的善款100万余元。

四 企业（家）募款

在经济转型和慈善事业迅速发展的大环境下，慈善事业不再是富人的专利，而逐渐成为全民参与的公益活动。2014年《国务院关于促进慈善事业健康发展的指导意见》进一步将慈善事业的参与主体扩展到党政机关、事业单位，工会、共青团、妇联等人民团体，全国性社会团体，各类慈善组织，各类企业，宗教团体和宗教活动场所，以及社区、家庭、个人等各类主体；互联网的发展也丰富了公众参与公益的方式，这为民间公益组织创新募款方式、进行公益创新提供了更多的机会和可能。

作为深圳市首家区级慈善会和一家枢纽型的公益慈善组织，深圳市宝安区慈善会自2007年成立以来，一直在积极学习党的最新精神和关于慈善事业发展的报告或意见，结合全社会慈善事业的最新动态完善发展规划，本着"真心慈善、创新慈善、文化慈善、合力慈善"的理念，不断创新慈善募捐活动的形式，扩大慈善救助覆盖面，积极挖掘一切社会慈善

---

① 《2015年度中国慈善公益盘点：网络颠覆公益时代》，新华网，http://news.xinhuanet.com/gongyi/2016-01/08/c_128609898.htm，最后访问日期：2017年1月1日。

资源，动员所有热衷于慈善事业的社会人士，筹集善款，尽可能发挥慈善在民生和保障领域的补充作用。在过去的9年内，慈善会共募得善款4.8亿元，其中各大企业（家）凭借自身雄厚的财富实力和社会影响力，已成为宝安区慈善会捐赠事业的中坚力量，慈善会动员企业家参与慈善事业的方式也从单一的传统活动募捐变得日趋多元化，包括以企业冠名基金、认领慈善项目大赛项目、慈善拍卖等形式，企业家凭借着对慈善会及会长的信任，参与慈善事业的积极性也不断提高，慈善会的资金实力也不断增强。下面将结合慈善会动员企业家参与慈善救助的具体事例，分析慈善会的慈善募捐方式尤其是针对企业家的慈善募捐方式在近10年来的创新与变化。

（一）传统的企业家募捐情况

在慈善会成立之初，慈善会更多的是在"2008年汶川大地震""2010年舟曲水灾""2013年青海玉树地震"，以及每年一度的广东省"扶贫济困日活动"、慈善捐赠月和慈善会成立一周年募捐活动等大型活动举办之时，尽可能动员社会力量，尤其是社会企业家的力量，动员企业家积极参与到慈善捐助中。除此之外，由于慈善会所特有的官办慈善组织的特征，由慈善会会长或秘书长主导的，凭借其个人魅力，通过电话或上门与企业家商谈，并号召企业家进行定向捐赠，也是慈善会在成立初期动员企业家参与的主要方式。结合宝安区慈善会的工作年报，我们可以发现：自2013年起，慈善会的定向募捐工作有条不紊地进行着，参与定向募捐的企业家不断增多，定向捐赠的数额随着项目数量而变化。总体而言，各项目的平均企业家捐赠额保持稳步上升，大型活动或定向募捐依然是慈善会向企业家募捐的重要方式。

（二）号召热衷于慈善的企业家成立冠名基金

相比于传统募捐方式的定向捐赠，冠名基金则不再实行定向捐赠，企业家可以宝安区慈善会为枢纽，与慈善会合作，对所愿意资助的项目提供帮助，而在此过程中，区慈善会只是帮助企业家监管善款、定期考察项目的执行情况等，保证善款尽可能用到该用的地方。宝安区慈善会自2013年起便开始探索设立冠名基金，自2013年11月成立慈善会首个慈善冠名基金——"宝安区青年企业家协会关爱劳务工子女重大疾病基金"以来，冠名基金实现了飞速发展，越来越多希望做善事的企业家寻求与慈善会合作。

截至目前，已有 20 多个冠名基金陆陆续续在慈善会成立，企业家将基金交由慈善会管理，项目则由企业家和慈善会共同商量执行，慈善会冠名基金的影响力不断提高。

"宝安区青年企业家协会关爱劳务工子女重大疾病基金"的成立开辟了慈善募捐新渠道，把来深圳建设者的子女纳入救助范围，让慈善救助变得更有针对性，覆盖面更广，青年企业家在创新创业的同时，进一步增强了企业责任意识，积极参与到社会建设中，除捐款成立冠名基金之外，还积极加入义工组织，在实际行动中奉献爱心，为帮助劳务工子女贡献力量，为社会树立了良好的榜样。

宝安区慈善会作为官办的慈善组织，大量的服务由政府购买提供，这也使得慈善会在善款使用和管理方面具有独特的优势——不提取任何管理费用、管理成本大大降低；募得的善款全部用于慈善救助，大大提高了善款使用效率。正是因为慈善会这一特有的优势和冠名基金不限定募款范围的特点，使企业家捐助项目不再受到地域的限制，从而实现以区级非政府组织做全国慈善之事，让现有的慈善资源覆盖到更多的弱势人群的设想。福永家私行业协会的爱心企业家们向家私协会冠名基金捐赠善款 50 万元，用于"宝塔希望之星"助学项目便是成功的案例。福永家私协会结合宝安区慈善会在职的新疆员工的经历，深感新疆塔什库尔干塔吉克自治地区的贫困大学生考取大学和完成学业不易，便选择对该地区品学兼优、家庭贫困的大学生进行资助，为当地贫困大学生改变命运贡献一份力量，以增进民族团结。这一方式不仅充分调动了有慈爱之心的企业家参与慈善救助的积极性，也为企业或企业家进行慈善捐助提供了新思路。

（三）以公益慈善项目大赛为企业家搭建项目对接平台

为解决慈善需求与资源对接效率低、慈善理念普及不足等难题，从 2012 年起，民政部、国务院国资委、全国工商联、广东省政府和深圳市政府等决定每年在深圳联合举办慈展会。宝安区慈善会在探索募捐方式过程中紧跟时代发展，也于 2014 年开始在深圳市各区级慈善会中率先推行慈善公益项目招募，开展第一届公益慈善项目大赛。首届慈善项目的执行吸引了诸多企业家对此大赛的关注。2015 年，宝安区慈善会在总结第一届大赛经验的基础上，第二届大赛扩容项目申报主体，吸引全市共 92 家社会组织 117 个项目参赛，并吸收爱心企业参与，在 13 个获得资助的项目中有 7 个项目被企业家现场认领，具体名单如表 5-3 所示。

表 5-3　宝安区慈善会第二届公益慈善项目大赛项目认领名单

序号	项目名称	申报单位	认领企业/个人
1	"耆巢添丁·乐享颐年"——福永街道（空巢）老人居家养老社工服务项目	深圳市融雪盛平社工服务中心	邦深科技（深圳）有限公司
2	"点亮星灯，璀璨星空"关爱自闭症项目	深圳市宝安区义工联合会	林其中（深圳市雍啟实业有限公司董事长）
3	零污染——有害垃圾回收无害化处理项目	绿宝宝垃圾分类指导中心	卢暖培（广东恒丰投资集团有限公司董事长）
4	"我是小画工"外来工子女社区融合计划	深圳市南山区南风社会工作服务社	宝安区新安商会会长林填发
5	"爱的供养"关爱优秀困难义工项目	深圳市宝安区义工联合会	刘焕德（展兴达五金塑胶制品有限公司董事长）
6	"欢乐空间"——社区外来务工子女圆梦计划	深圳市宝安区慧家社会事务服务中心	深圳市华丰世纪投资（集团）有限公司
7	星星童画梦，慈会蓝天下——自闭症儿童艺术潜能开发计划	深圳市宝安区心星园训练中心	宝安区西乡商会

本着"取之于民、用之于民"的慈爱之心，宝安区慈善会副会长、福永商会会长、邦深科技（深圳）有限公司董事长苏洪根以企业名义在第一时间认领了由深圳市融雪盛平社工服务中心申报的"耆巢添丁·乐享颐年"——福永街道（空巢）老人居家养老社工服务项目计划。自项目开展以来，苏洪根不仅为社工服务项目提供资金支持，还与宝安区慈善会一起定期进行项目考察，为项目的更好发展提供完善意见，如建议项目将善款尽可能用于项目本身、邀请医生义工到社区开展针对性的身体健康检查活动、为项目开展提供义工支持等。

公益慈善项目大赛这种形式使募捐形式实现了突破性的创新，很好地搭建了企业家和项目间的桥梁，使得有意做善事而不知如何去做、不知做什么项目的企业家直接实现与项目的对接，并尽可能降低资金管理成本；针对企业家认领的项目，宝安区慈善会还会定期带领企业家进行项目考察、与受助人或项目执行方进行定期交流，提高企业对项目的认知度，进一步增强企业对项目以及宝安区慈善会的信任，与企业家在慈善救助上建立长期合作关系，保障慈善捐助的长久性。

（四）慈善晚宴活动

2015 年 6 月 22 日，宝安区慈善会和爱心人士卢暖培先生共同发起以

"大爱无疆·与'心'同行"为主题的首次慈善晚宴活动,宝安区副区长廖少权、区慈善会会长张洪华、香港著名主持人曾志伟及30多名社会各界的爱心人士出席了当天的晚宴。在此次晚宴活动上,爱心企业家捐赠拍品,宝安区慈善会形象大使曾志伟主持了慈善拍卖活动,参加活动的爱心人士均奉献出了自己的爱心,14件拍品共募集善款520多万元,作为专项资金全部用于资助区内先天性心脏病患儿的治疗。而没有拍到拍品的爱心人士也在拍卖结束后通过捐赠的方式表达了自己的一份爱心。

慈善晚宴作为社会企业家的精英聚会,一方面为企业家之间进行交流搭建了平台,另一方面也借助企业家和形象大使的影响力进一步宣传了慈善理念,吸引更多的人参与到慈善事业中来,无疑这种募款方式是宝安区慈善会的重大创新。在未来,宝安区慈善会只有通过更加公开、透明和规范化的运作,提升自身的公信力和影响力,才可以将此活动越办越大,吸引到更多爱心人士参与宝安慈善,将宝安区打造成为一个温暖的、幸福的城区。

除上述三种方式外,宝安区慈善会还会动员区内企业家或离退休人员举办小型拍卖活动,并将善款用于慈善救助。2015年12月27日,宝安区慈善会与宝安区茶文化研究会共同倡议举办了小型拍卖活动,共认捐善款20多万元,设立专项资金用于慈善救助。

总的来说,经过宝安区慈善会近10年来的探索,动员企业家参与慈善的方式已十分丰富,且号召力较强。在未来发展过程中,宝安区慈善会还应保持这份探索精神,尽可能地丰富或完善募捐方式,如继续凭借慈善会会长或秘书长的个人魅力向企业家募得善款,在此基础之上尽可能吸收有影响力、有慈善事业心的退休官员加入慈善会,加强慈善会的品牌建设,提高慈善会的慈善影响力;现阶段慈善会之所以能有较强的号召力,是因为企业家信任慈善会,慈善会办事企业家们放心。慈善会将继续保持自己的优势,设计和开发更多更好的慈善项目,吸引更多企业家将慈善之心托付于慈善会,让企业家与慈善会"合力"推进慈善事业的发展。

五 经验总结

综上所述,我们认为慈善会在募捐领域开展了多个方面的改革,具有如下几个方面的经验。

第一，体制内外资源联合推动募捐。慈善会联合运用体制内外资源，发展慈善募捐事业。慈善会作为一家成熟的官办组织，拥有大量的体制内资源。宝安区政府、区内大型国企等都大力支持慈善会的募捐工作。同时，慈善会还借助宝安区的多家行业协会，联合多方力量，吸收多方资源，扩大了慈善募捐的规模。所以，我们认为慈善会一手牵动体制内资源，一手牵动体制外资源，联合推动了募捐工作的开展。

第二，在专业基础上推动慈善募捐发展。慈善会大力推动慈善募捐的专业化转型。慈善会不断开展调研、培训，向国内乃至国际学习先进经验，了解国内外在慈善募捐专业化建设方面的成果。比如，慈善会办公室承担募捐职能，由秘书长领衔开展募捐工作。同时，慈善会还建立了专业的品牌和平台，比如聘请日本专业人士设计"慈善娃"形象等。这些尽心的工作大力促进了慈善会募捐事业的发展。

第三，多种慈善募捐模式组合推进。慈善会灵活运用多种慈善募捐模式。诚如以上所述，慈善会运用了新媒体募捐、大客户募捐、网络募捐、公众募捐等模式。这几种募捐模式都为慈善会的捐赠总额贡献了不小的份额。

第四，以创新驱动慈善募捐开拓。慈善会积极创新，紧跟时代潮流，推动了慈善募捐工作的发展。慈善会不仅运用了新的募捐模式，比如新媒体募捐等，还在传统募捐模式中加入了很多新的元素，比如加入了体验营销的元素。受此影响，慈善会的募捐得到了长足的发展。

总之，我们认为，慈善会的募捐总额之所以能达到如此规模，完全是因为慈善会重视募捐工作，联合运用体制内外资源，在专业的基础上，组合多种募捐模式，积极创新，锐意进取的结果。

六 结语

自2007年至2016年10月，宝安区慈善会累计募集资金达5.1369亿元。这个成绩的取得离不开宝安区党委和政府的支持，离不开宝安区慈善会各届会长、副会长、秘书长、各位理事以及慈善会工作人员的不懈努力，更离不开社会各界对宝安区慈善会的信任和支持。慈善会的募捐成绩也离不开慈善会自身对"透明慈善"和"阳光慈善"的不懈追求，这已成为慈善会募捐的金字招牌。慈善会在募款方面创新慈善募捐形式，在发挥应急募捐方面优势的同时，着力打造和提高日常募捐的能力，通过专项基金和冠名基金，让企业家和个人放心捐赠、积极捐赠；通过拍卖、慈善晚宴和慈善微跑等新型慈善方式，聚集了更多有善心的人，让他们加入慈善的行列；通过慈善公益大赛和冠名基金，慈善会拓展了救助项目。正是因为宝安区慈善会在募捐方面的成功，为慈善会开展各类救助项目积累了所需的慈善资源。

第六章　慈善救助中的主导与参与

一　引言

慈善救助该如何开展？是由政府全部承担，还是由民间自主开展？关于这一问题，不同的人有不同的解答。而在这些解答背后，自然也深藏着不同性质的立场与价值主张。但是，为什么我们不能将两条道路合并在一起，选择一条折中的道路呢？这样可以最大限度地凝聚资源，吸引更多方面的参与，将慈善救助的效果发挥到最大。

不过，在这一逻辑中，依旧存在一个机制性问题，即在这一合作过程中，双方是平等参与，还是应有主次之分？对于这一问题，依旧有多种不同的解答。比如，有人提出要推进多元共治，有人则认为应保持政府的主导地位。同样，在这些不同的解答背后，依旧深藏着不同性质的立场与价值主张。

但凡明白慈善事业重要意义的人都能正确地认识到，这些问题的妥善解答关系重大。其关系到中国社会某些重要领域的稳定与和谐。在这一方面，之前也有不少改革尝试，但多数都失败了。那到底如何才能取得改革之实效呢？宝安区慈善会的改革经验值得我们深思。

二　救助体系

2007年，宝安区慈善会正式成立。作为一家区级慈善会，宝安区慈善会的主要任务就是开展慈善救助工作。但是，在成立伊始，宝安区慈善会并没有急于开展慈善救助活动。宝安区慈善会认为，要稳妥地开展慈善救助工作，就必须对宝安区的整体情况有所了解。而且，宝安区慈善会也希望将慈善救助活动做成具体的项目，以推进慈善救助活动的项目化运作。

基于这些想法，在最初成立的半年里，宝安区慈善会开展了系统的调研工作。通过调研，慈善会发现，宝安区面临四大问题：读书难、住房难、因病致贫、突发事件。宝安区慈善会认为，前两个问题虽然也是宝安区面临的现实问题，但并非一家区级慈善会所能解决的。相反，这更应该是由政府投入资源，予以系统性解决的问题。

对于后两个问题，因病致贫是宝安区面临的重大难题。这一问题又包括两个方面：户籍居民、外来务工人员。户籍居民是各地慈善会普遍予以救助的对象。但相比于居民，外来务工人员最大的特殊性在于人员流动性较强，所以，很多地方的慈善会都不将外来务工人员纳入救助体系之中。但是，宝安区是外来人口大区，外来人口一度超过400万人，占区总人口的80%以上。这些外来务工人员为宝安区的经济与社会建设做出了重大贡献。所以，宝安区慈善会也将这一人群纳入了救助对象之中。

突发事件也是宝安区面临的重大难题。宝安区位于改革开放前沿，加之工厂较多，流动人口较多，因此处于特殊的经济发展阶段的宝安区的社会治安问题一度较为突出。由此带来的就是突发事件导致部分居民致贫的问题。

鉴于因病致贫和突发事件问题的突出性，宝安区慈善会将这两大问题的受害群体纳入了自己要致力于救助的重点对象。为此，宝安区慈善会制定了三个管理办法：《宝安区慈善会关于资助宝安区户籍困难居民重大疾病医疗暂行办法》《宝安区慈善会关于资助劳务工重大疾病医疗暂行办法》《宝安区慈善会关于自然灾害和突发性重大事故救助暂行办法》。

在制定这三个管理办法时，宝安区慈善会秉持先紧后松的原则，最先规定的条件相对较为严格。之后，随着项目运作不断成熟，以及本身专业度不断提升影响日渐增长，宝安区慈善会又对这三个《办法》中的前两个做了两次修改，不断放宽相关标准。

在此基础上，2009年，宝安区慈善会又将救助范围扩大到了驻地困难官兵身上，制定并公布了《宝安区慈善会关于资助驻地困难官兵暂行办法》。之所以扩大，是因为宝安区慈善会认为，驻地官兵为本地做了巨大的贡献，理应将他们纳入宝安区"居民"的行列。宝安区慈善会秘书长介绍说："宝安区是双拥大区，而部队里的官兵又是我们的子弟兵。部队官兵将我们宝安区作为他们的故乡，所以，我们也应该照顾他们。"[1] 针对驻地官

---

[1] 调研记录（2016年11月17日）。

兵，宝安区慈善会的救助对象的范围相对较大，不仅包括驻地官兵本人，还包括他们的配偶、子女、父母；同时，救助事项范围也相对较大，不仅包括患有重大疾病的情况，还包括因自然灾害或者突发性重大事故导致家庭基本生活受到严重影响的情况。而之所以要做此类扩大，是因为宝安区的驻地官兵多为内地居民，生活条件相对困难，所以宝安区慈善会给予了特别的照顾。

2014年，宝安区慈善会再次扩大救助范围，将特殊的困难群众也纳入了救助范围。这里所谓的困难群众，指的是见义勇为的个人、热心慈善但又遭遇困难的个人等。之所以要做出这一扩大举动，是因为宝安区慈善会认为，这些个人为宝安区做出了重大贡献，理应对其给予照顾，但他们又不符合前述救助标准。所以，宝安区慈善会额外设立了一个门类，为其提供一笔特别的救助金。为此，宝安区慈善会制定并出台了《宝安区慈善会关于困难群众个案救助暂行办法》。

由此，宝安区慈善会确立了五大慈善救助门类，即户籍居民重大疾病救助、外来务工人员重大疾病救助、突发事件救助、驻地官兵救助、特别个案救助。针对这五大门类，宝安区慈善会又分别建立了不同的管理体系。

第一，户籍居民重大疾病救助。居民重大疾病救助采用"社区审查为主，慈善会审批为辅，资金直接入账"的管理模式。由于户籍居民流动性不强，且都归属于具体的社区，所以，宝安区慈善会与街道合作，由居民准备齐全材料后，提交给社区工作站或居委会初步核实，报给街道社会事务科审核，再由街道社会事务科送区慈善会审批。经核查决定给予资助的，宝安区慈善会会通过社区将资助金转入申请人的合法账户之中（有时也会由区慈善会委托宝安区慈善志工、社区工作人员将资助金送至资助对象本人）。

第二，外来务工人员重大疾病救助。由于外来务工人员在宝安区没有户籍，所以，为了确保他们申请的救助信息的真实性，除了继续沿用户籍居民的救助审查规则以外，宝安区慈善会还规定，申请人需要"在深圳市宝安辖区的企业、中介机构、个体经济组织、民办非企业单位、社会团体、机关事业单位工作一年以上（含一年）"。与这一规定相配套，申请人需要提交劳动合同和单位证明。

第三，突发事件救助。针对突发性事故，宝安区慈善会采用的是属地核实的方式，即规定申请人到事故发生地的社区工作站或居委会提出申请，经核实后再报送街道社会事务办审核，再经过慈善会审核后，由慈善会直接将钱转入申请人账户。

第四,驻地官兵救助。驻地官兵又与上述群体都不同。他们归各个师团独立管理,因此,宝安区慈善会采用的是"部队对口管理,资金直接入账目"的管理模式。宝安区慈善会招揽驻宝安区的五个团,以团为单位,由他们负责审查申请、发放资金。其中,驻地官兵本人的重大疾病等情况由申请人到驻区所在部队提出申请,再经部队团级政治处审核后,送区慈善会审批,最后由区慈善会直接将资助金转入申请人所在部队提供的账户。而部队官兵的配偶、子女、父母提出申请的,则还需增加一个前置程序,即由资助对象户口所在地乡镇人民政府或街道办事处的民政部门与武装部门初步核实后报申请人所在部队。

第五,特别个案救助。特别个案救助的特点是临时性、突发性。所以,如果将前述严格的流程用于这一类别,可能导致救助不能及时到位。而且,由于宝安区慈善会设立特别个案救助不只是为了提供资金,也是为了表示一种对有特别贡献但遇到困难的人的关心,所以,这一救助也不适合采用资金直接入账目的做法。基于这两点考虑,针对特别个案救助,宝安区慈善会采用的管理模式是"实地调查,送款上门"。首先,申请人应到户籍所在地、工作单位所在地或事故发生地的社区工作站或居委会申请并按规定提交材料;然后,慈善会会安排慈善志工上门调查,并出具意见;这一调查意见经慈善会核实后,慈善会会委托社区慈善志工直接将救助金送达救助对象本人。这样既能确保个案的真实性,又能充分表达社会各界对受助者的关爱。

由此,宝安区慈善会建立了一套相对完整的慈善救助体系。但是,诚如以上所述,这一救助体系依旧存在一些问题,即救助标准相对严格、救助资金额度也相对较低、审批手续较为严格等。此后,随着慈善救助实践的不断深入,宝安区慈善会对这一体系进行了持续优化。

三 改革实践

在2009年和2014年,宝安区慈善会先后对这一救助体系做了两次较大规模的改革。改革的基本思路是逐步放宽慈善救助标准,以更好地、在更大范围内救助困难人群。基于这一思路,宝安区慈善会做出了多个方面的改革。

第一，扩大救助病种。针对居民、外来务工人员、驻地官兵的重大疾病救助，宝安区慈善会扩大救助病种，将原来的12种疾病扩大到16种。宝安区慈善会与宝安区人民医院、宝安区卫计局联络，结合宝安区人口患病情况、各病种支出费用等信息，从中选出16种排名靠前的病种，包括深度昏迷、退行性关节炎、分娩并发症、中枢神经系统永久性功能障碍等。之所以要选择这16种疾病，是因为这些病种多数为社保所不覆盖的，或社会保障金不足以覆盖全部费用的。所以，患有这些病种是居民致贫的主要原因之一。

第二，提升救助金额度。这两次改革提升了救助金的额度。其中，居民重大疾病救助金的额度从4万元提升到了6万元；外来务工人员重大疾病救助金额度从2万元提升到4万元。值得说明的是，之所以外来务工人员的重大疾病救助金额度比居民低2万元，是因为深圳市另一个救助项目已经向外来务工人员提供了2万元的救助金。

此外，针对驻地官兵，则主要调整了生活补助金的额度，即从非低保户不超过2000元/年提升到所有对象不超过3000元/年。

与之相配套的是，宝安区慈善会也调整了救助门槛。其中，针对居民和外来务工人员的重大疾病救助，将月收入门槛从低于3200元调整为3616元，即与宝安区最低工资的2倍持平；针对驻地官兵生活救助，从低于宝安区最低工资标准的1.5倍，提升至2倍。这也就扩大了受助者的范围，使更多人被纳入了接受救助的群体之中。

第三，简化了审批程序。宝安区慈善会大幅简化了救助程序。其中，居民和外来务工人员重大疾病救助取消了原来要提供转院证明的要求，现只需要申请人提供完整的医院就诊证明、费用清单，即可以申请救助金。

当然，简化程序是存在一定风险的。所以，为了避免相关风险，在改革前的半年多时间里，宝安区慈善会就已经开始了试点。慈善会尝试小幅放宽相关标准，对特别个案简化了标准。在发现没有问题后，宝安区慈善会才将相关措施落地。

第四，增设特殊个案救助。诚如以上所述，在2014年，慈善会再次扩大救助范围，将特殊个案救助纳入了救助范围。其实，慈善会此前已有开展特殊个案的救助活动。但是，当时的救助活动是临时性的，缺乏制度保障。而慈善会的资金多为定向捐赠，在没有制度依据的前提下，遇到特殊个案的情况，很难转变资金用途。

但是，这些特殊个案是值得救助的。比如，在调研中，慈善会发现，有的人为慈善活动捐了很多钱，现在罹患癌症，他的收入是最低工资的2倍，但依旧不足以支付全部医疗费用。根据管理办法，其收入已超出规定的救助条件。这样的人是值得救助的，虽然对他们的救助的强度不应超过其他几类人。所以，在这一轮改革中，宝安区慈善会专门针对这一群体制定了管理办法，并将相关救助金额度设定为 3000 到 1 万元之间。

综上所述，在改革中，宝安区慈善会秉承逐步放宽慈善救助标准的改革思路，在四个方面做了探索，即扩大救助病种、提升救助金额、简化审批程序、增设救助门类。这一系列改革取得了突出的成效。这体现在两个方面。

第一，充分阐释了慈善"爱"的内涵。宝安区慈善会的这些改革，不断扩大了救助的力度，真正表达了慈善之"爱"。由此，受助者也被这种情感所包围，感受到了社会的温暖。比如，在增设特殊个案救助的管理办法没多久，2014 年 3 月 26 日，沙井街道的执法队员黄家声在执法过程中，因公殉职。他家中还留有失业的妻子、年幼的孩子。第二天一早，街道就将这一家的情况上报给了宝安区慈善会。结果，3 月 28 日，宝安区慈善会立刻就把个案救助资金送到了黄家。得到救助款的黄家声的家人感受到了浓浓的爱，十分感动，泣不成声。

第二，推动社会公众的互爱。宝安区慈善会的改革不仅表达出了对受助者单方面的爱，也推动了社会公众的互爱。比如，驻地军官在接受了宝安区慈善会的捐赠后，也积极表达了对慈善事业的支持。宝安区慈善会曾发起一项"慈善暖人心——慈善行宝安"的募捐活动。驻宝安区的某部队积极主动地发起了捐款活动，最终筹到 3 万元善款。

四 社会参与

宝安区慈善会的救助活动并非由慈善会一家独立完成的。诚然，这种慈善模式也不符合慈善事业的发展模式。慈善事业必须调动社会各界的力量充分参与，才能扩大慈善事业的整体规模，提升慈善组织的社会影响力，增强慈善项目的品牌号召力。

正是认识到了这一趋势，宝安区慈善会摒弃了由官办组织独立开展慈善救助的传统模式，以开放性的姿态吸引社会各界参与其中。在这个方面，宝安区慈善会做了两件工作。

第一，组织慈善志工队伍。2014年，宝安区慈善会与当地的义工联、街道合作，创设了一支由350名志工组成的慈善志工队伍。这支志工队伍分为两个序列，一个是义工联的义工，其中热心慈善事业的部分转型成为慈善志工；另一个是各街道负责慈善救助的社区干部，即民政员，登记注册成为慈善志工。

这些慈善志工在三个方面发挥了重要作用。

（1）大型活动。慈善志工参与宝安区慈善会的大型活动，负责承担其中的一部分工作。比如，宝安区慈善会每年有一项慈善文化宣传活动。而在这一活动中，有一个环节是"慈善宣传周"。这些慈善志工就参与到了"慈善宣传周"活动中，组织开展街头宣传活动。

（2）救助探访。诚如以上所述，针对特殊个案的救助，宝安区慈善会安排慈善志工上门调查，并出具意见；调查意见经慈善会核实后，慈善会还会委托社区慈善志工直接将救助金送达救助对象本人。在针对居民和外来务工人员的重大疾病救助过程中，也存在由区慈善会委托志工、社区工作人员将资助金送至资助对象本人的情况。此外，在上门探访时，慈善志工也会积极帮受助对象做一些额外的事情，比如某位老人行动不便，无法出门，慈善志工就天天上门送菜，帮助这位老人。于是，在慈善志工和老人之间建立起了一种强烈的信任关系。所以，在宝安区慈善会的慈善救助过程中，慈善志工也发挥了积极的作用。这一救助是由慈善会和慈善志工共同完成的，而且慈善志工的参与还丰富了慈善会慈善救助的内涵，使其成为构建人与人之间和谐关系的一个渠道。

（3）日常工作。慈善志工在日常的管理工作中也发挥了一定的作用。比如，宝安区慈善会在各街道设有一批募捐箱。这些募捐箱的管理工作也是由这些慈善志工完成的。

当然，为了加强慈善志工的专业性，宝安区慈善会对他们开展了一系列培训活动。

第二，设立专项基金。为了吸收社会资源帮助困难群体，宝安区慈善会打开大门，欢迎社会各界在自己旗下创立专项基金。宝安区慈善会的专项基金分为两类，一类是冠名基金，一类是专项资金。两者之间的差异是后者用完即完成使命，而前者则可以不断筹集善款，补充"血液"。

之所以要设立这些专项基金，宝安区慈善会秘书长认为："目前各类社会问题较多。我们慈善会只能解决一些重要的问题。所以，我们鼓励社会各界来我们这里成立专项资金和冠名基金，以小额资金捐赠的方式，作为慈善会社会救助的补充力量。"[1]

正是基于这一考虑，宝安区慈善会先后成立了6个冠名基金、15个专项资金，筹集资金超过960万元。这些专项基金的宗旨全部是慈善救助方向。但是，相比于宝安区慈善会的一般性慈善救助，这些专项基金的定位要更为精准，也更为多样化。

比如，先天性心脏病患儿医疗救助专项资金是其中一个专项基金。这一专项基金共募集善款490万元，用于救助先天性心脏病患儿。为了规范这一专项基金的使用，宝安区慈善会根据《深圳市宝安区慈善会章程》以及其他相关规章制度制定了《宝安区慈善会关于先天性心脏病患儿医疗救助专项资金使用管理办法》。根据该管理办法，该专项基金也覆盖户籍居民和外来务工人员的子女。需要由先天性心脏病患儿的监护人或其委托的亲属作为申请人向宝安区人民医院提出申请；如果没有监护人或监护人不履行监护职责的，由实际履行监护职责的单位或个人向宝安区人民医院提出申请。

据了解，截止到2016年9月，该专项基金共帮助了7例患儿。

五　案例讨论

宝安区慈善会的慈善救助活动非常具有典型意义，值得其他慈善组织学习借鉴。之所以这么说，是因为它构建起了一个三元体系。

第一，政府主导的慈善救助活动。在上述案例中，我们看到，宝安区慈善会的慈善救助活动是由慈善会主导的。慈善会掌握了管理规则的制定权、资金审批权、项目管理权等。而且，上述慈善志工队伍是由宝安区慈善会组建的，专项基金也是由宝安区慈善会负责建立的。所以，在慈善救助活动中，宝安区慈善会掌握了绝对的主导权。宝安区慈善会是一家官办慈善组织，主管单位是宝安区民政局。所以，在宝安区慈善会开展的慈善救助活动中，慈善会实际上是代表政府管理和运营这些项目的。或者，更为透彻地说，慈善会的慈善救助活动表达的是政府对民众的关爱。向民众表达这种关爱，既是政府的必要义务，也是政府真实情感的表达。

---

[1]　调研记录（2016年11月17日）。

在社会救助方面，中国政府不同于西方政府。西方政府救助社会公众，仅仅是为了执行共同体的公意，政府本身并不天然承担这一义务，也没有在其中融入任何爱的情感。而中国政府则承担了救助社会公众的义务，同时政府的救助活动天然包含了一种爱的情感。这是中国政府的社会救助活动与西方政府的本质差异。从这一意义上来看，宝安区慈善会开展的这一工作，其实就是政府履行对民众的义务和表达爱的情感的一种体现。

第二，不断扩大的爱的表达。在上述案例中，宝安区慈善会逐步放宽慈善救助标准的改革思路，在四个方面做了探索：扩大救助病种、提升救助金额、简化审批程序、增设救助门类。

按照慈善会的慈善救助工作是政府对民众的义务的履行与爱的情感的表达的一种体现这一逻辑来理解，那么慈善会的这些改革探索，其本质含义其实是政府在不断扩大对民众的爱。其中，扩大救助病种，表达的是政府希望扩大爱的范围；提升救助金额，表达的是政府希望提升爱的程度；简化审批程序，表达的是政府希望让民众更为便捷地获得爱；增设救助门类，表达的是政府希望向爱他人的人反馈爱。

总之，上述改革都表达了政府不断扩大对民众的爱。

第三，吸纳社会力量参与慈善救助活动。在宝安区慈善会的案例中，我们看到，宝安区慈善会并没有独立开展慈善救助工作，而是广泛吸纳社会力量参与其中。比如，宝安区慈善会组建了慈善志工队伍，又建立了一批专项基金。其中，慈善志工协助宝安区慈善会完成了一部分慈善救助行政工作，并丰富了慈善救助的内涵；专项基金则发挥了补充性的作用，在慈善救助主体领域之外，又开拓了多个更为精准化的领域。

宝安区慈善会的这一三元体系具有非常重要的理论意义。之所以这么说，是因为它回答了我们在前文中提出的两个问题：第一，慈善救助能否由政府与民间合作开展；第二，在合作开展中，合作机制如何安排。

针对第一个问题，在三元体系中，我们发现，政府是可以与民间合作开展慈善救助活动的。政府通过宝安区慈善会这个中介，广泛吸纳社会资源共同参与，联合开展社会救助活动。

针对第二个问题，在三元体系中，我们发现，合理的合作机制是：①政府主导，社会参与。慈善救助涉及重要的社会治理领域。在这一领域中，政府应占据主导权，由此政府才能履行对民众的义务，并充分表达对民众爱的情感。②社会力量则可以参与其中，承担起补充和丰富政府的救助工作的角色。反之,如果让社会力量独立承担这一工作,可能导致政府的义务履行不力,情感表达不充分,导致政府受到社会公众质疑,危害社会的和谐稳定。③不断扩大爱。随着社会经济水平的不断发展,政府应不断扩大爱,特别是提升爱的程度,丰富爱的内涵,扩大爱的范围。只有如此,政府才能维持与社会力量之间的平衡,在社会救助领域中掌握主导权。

六 结语

宝安区慈善会创造了一个三元结构式的慈善救助体系。在这一救助体系中,政府是主导者;政府吸纳社会力量广泛参与其中;政府不断扩大爱。这一体系是最符合中国社会特点的,也是最有利于中国社会和谐稳定的。

所以,我们认为,宝安区慈善会的这一慈善救助体系值得大力推广,成为各地慈善组织学习借鉴的典范。

第七章 慈善文化下的重构与传播

一 引言

自晚清以来，我们一直致力于构建以共同体为基础的社会。但问题是，这种以共同体为形态的社会，真的能实现幸福吗？

随着中国经济水平的不断提高，人们对社会的认同却未完全同步提升。那是什么原因导致这一问题呢？其主要原因在于功利化是共同体的本质属性。对于这一问题，卢梭有一番精彩的表述："他们所做的并不是一项割让而是一项有利的交易，也就是以一种更美好的、更稳定的生活方式，代替了不可靠的、不安定的生活方式，以自由代替了天然的独立，以自身的安全代替了自己侵害别人的权利，以一种由社会的结合保障其不可战胜的权利，代替了自己有可能被别人所制服的强力。"[①] 所以，共同体式的社会是功利化的社会。而在功利化的社会里，人们只有理性的计算，而没有真实的情感表达。

这一原因的现实表现是人们缺少爱，社会缺少爱。这种爱不仅指的是对社会公共事务的关注，更重要的是对国家的认同。也就是说，人们相互之间缺少了共同的爱的纽带。

二 功利化的慈善

在传统社会中，慈善事业曾经发挥构建共同的爱的纽带的功能。慈善事业是共同文化与精神的一项重要的标志性成果。它弥合了社会上不同阶层人群之间的情感裂痕，维系着社会共同的爱的纽带，是确保社会结构稳定、维护社会和谐的重要工具。但凡社会出现问题，政府总要开仓济民，

---

① 〔法〕卢梭：《社会契约论》，何兆武译，商务印书馆，2016，第41页。

民间的富人们也会捐资、捐粮。人们在这么做的时候，并未曾想求得名利，而多是一种自然情感的表达，也即儒家强调的"老吾老以及人之老，幼吾幼以及人之幼"。

但是，近年来，随着中国经济的不断发展，慈善事业却出现了明显的功利化的取向。最近刚生效的《慈善法》第三条规定："本法所称慈善活动，是指自然人、法人和其他组织以捐赠财产或者提供服务等方式，自愿开展的下列公益活动。"其中所称的"公益活动"，即指"公共利益活动"。令人遗憾的是，如果一个慈善活动，是以"利益"为导向的，那这种慈善活动就只能是以理性计算为基础的，是缺少"爱"的。

同样令人遗憾的是，在慈善事业中，我们对慈善文化的关注依旧阙如。近年来，虽然中国的慈善事业有了长足的进步，但对慈善文化的梳理、推广等工作，却依旧处于起步阶段。目前，中国尚无系统化的慈善文化的研究成果，也没有系统化的推广项目。

功利化的慈善事业是没有灵魂的，其只能调动人们理性的利益计算，却不能培育不同人群之间的爱的纽带；只能进一步加剧社会不同群体之间的割裂，却不能重构各群体对共同的中心的认同。

对于这一问题，宝安区慈善会的张洪华会长有清晰而又深刻的认识。他提出："捐款捐物的慈善事业不走心，没有感情的着力点。"[①] 张会长认为，中国既有的慈善事业过度注重资金的募集，却不注重对慈善文化的建设，也就缺失了对人们感情的培养。由此，慈善事业便失去了弥合社会情感裂痕、重构共同文化与精神之重要功能。

那要如何解决这一问题呢？从2013年4月开始，宝安区慈善会就着手梳理总结慈善文化，并发起了一项名为"慈善文化进校园"的慈善项目。经过两年多的运行，目前，该项目已经覆盖到了16所小学，近2万名小学生。其中，公立小学14所，民办小学2所。在该项目的影响下，这些小学的学生及其家长出现了较为明显的变化。其中，最为明显的变化有两项：家庭关系更为融洽，社会事务的参与程度明显提高。

那么，宝安区慈善会所认同的慈善文化是什么呢？他们又是如何推进慈善文化的传播的呢？

---

① 调研记录（2016年10月27日）。

三 慈善文化

什么是宝安区慈善会认同的慈善文化呢？其包括两块内容：传统文化与现代实践。其中，传统文化是对中国传统的尊老爱幼、乐善好施文化的总结与提炼，现代实践是对现代中西方慈善行为的归纳与升华。比如，在慈善会编制的《我和慈善一起成长》读本中，就重点介绍了这两个方面的内容。

那为什么要提出这两个方面的内容呢？这是因为慈善会认为，中国现代的慈善文化不等同于传统国学，也并非全然是现代西学的内容。讨论中国现代的慈善文化，既不能割裂中国的文化传统，包括父慈子孝、推己及人，也不能抹杀现代慈善实践在慈善事业中所发挥的巨大作用。所以，慈善会提出，所谓慈善文化，是基于中国现实生活的需求，立足于传统文化，融合现代慈善实践的产物。这种慈善文化是立足于人们的自然情感的，即人们对长辈的爱，同时又加入了对共同体的福利诉求，即所谓的公共利益导向。只有这样的文化，才是符合中国现代社会特点的文化，也才能起到重塑爱的纽带的作用。

但问题是，宝安区慈善会提出的慈善文化同时包含了中国传统文化和慈善实践，又有现代西方慈善实践的内容，两者之间能够和谐共存吗？众所周知，中西方文化差异较大，中国传统文化讲求"自我主义"，也即以自我为中心，推己及人；西方文化讲求"个人主义"，也即个人的自主自立，以及对公共利益的公民责任。两种文化本质不同，能否和谐共存呢？

对于这一问题，宝安区慈善会提出的《推进"慈善文化进校园"工程工作方案》给出了一个基本思路："推动青少年道德教育，促进青少年树立正确的人生观、价值观和道德观，营造学校、社会、家庭三位一体的慈善文化氛围。"也就是说，宝安区慈善会希望营造的是"学校、社会、家庭三位一体的慈善文化氛围"。而要实现这一三位一体的慈善文化氛围，必须要实现个人对学校、家庭的自然情感与个人对社会的公民责任的和谐共处。这就是说，在宝安区慈善会的规划中，其是希望同时推进两者的实现的。那么，问题是它是如何实现这一点的呢？

要解决这一问题，我们必须重新回头来梳理宝安区慈善会的整体思路。笔者认为，这一思路包括三个方面。

第一，小"家"之爱。在这一整体思路中，宝安区慈善会想要做的第一项事是，从学校教育入手，以"小手拉大手"的方式，反向推动家长，重建每一个小家庭中的爱的纽带。它希望从孩子入手，让孩子对家长表达自己的感恩之爱，并催生出家长对孩子更浓郁的自然情感，从而成功培育出小家庭中的爱的纽带。所以，在这一层面上，小"家"之爱集中表现在父母对孩子的"慈"，以及孩子对父母的"孝"之上。对此，宝安区慈善会秘书长刘国玲明确表示："我们之所以要讲孝道，是因为只有爱父母的人，才会去爱人。"这是人的自然情感的一种表达，也是中国传统文化的精髓。

第二，大"家"之爱。宝安区慈善会深刻认识到中国传统社会中"爱有差等"以及"推己及人"的理念。他们认为，要想重建社会的爱的纽带，必须以个人为支点，逐步推动人们对熟人或陌生人的爱。

宝安区慈善会认为，爱是可以传递的。根据中国传统文化中"推己及人"的传统，中国民众可以将这种爱传递给家庭以外的人。这具体表现为人们走出家庭，帮助身边的有困难的熟人或陌生人。这些人既有社区里的邻里，也有福利院的残疾孤儿，还有车站中拎着大包小包、急着回家过节的路人。这也就是所谓的"老吾老以及人之老，幼吾幼以及人之幼"，也即对大"家"的爱。

在实践中，通过重建家庭爱的纽带，越来越多的孩子在家长的带领下，走出家庭，融入社区与社会，向熟人或陌生人伸出援手。这充分证明宝安区慈善会的这一思路是正确的。

第三，公民责任。宝安区慈善会认为，爱的传递并不应止步于对人的爱。相反，宝安区慈善会认为，还应往里加入一项新元素，即对社会共同体的爱。在这种爱之中，既有对大"家"的爱，也混合了现代公民对社会共同体的责任意识。比如，在实践中，坪洲小学教育孩子们要节约用水，爱护环境。在这其中，既有作为一个大"家"的成员对共同的家的爱，也有共同体成员对社会公共利益的关注与责任。两者显然是和谐共存的。

不过，值得注意的是，这里所提及的共同体成员对公共利益的关注与责任表达，是统一在对"家"的爱之上的，而非独立存在的。这是对"家"的爱的一种泛化，而非一个独立的爱的源泉。

综上所述，在宝安区慈善会的思路中，我们发现：首先，它是以中国人传统的"爱"作为慈善文化的根基的。这种爱是对小"家"的爱，集中表现为对父母的血缘情感。其次，在这一根基上长出了两个果实：①泛化为推己及人的互帮互助，表达了一种对大"家"的情感；②进一步泛化为对共同体的责任心，是对社会公益的关注与参与，表达的既是对大"家"的爱，也是现代公民的责任意识。

所以，在宝安区慈善会的思路里，我们看到了家的情感与公民意识的有机结合。这种结合，解决了慈善事业仅注重"公共利益"而导致的过度功利化的问题。其在"公共利益"之上增加了情感的元素，也即对家的情感。这起到了弥合社会情感裂痕、重构社会爱的纽带的作用。

四 项目设计

在提炼出慈善文化之后，又该如何在宝安区推行慈善文化教育呢？宝安区慈善会的做法是在小学里开展慈善文化教育活动。之所以选择在小学里开展这一教育，原因有两个：其一，小学本身就开设有德育教育课程，在这些课程中加入慈善文化的内容是相对自然的，阻力较小；其二，重构共同文化与精神需要从孩子抓起。

有了这一想法之后，2013年5月，宝安区慈善会就与坪洲小学取得了联系，开展了初步调研活动。通过与坪洲小学校长及教师代表的接触，宝安区慈善会敏锐地发现，自身虽然在慈善方面具备相当的专业性，对慈善文化的认识也更为深刻，对教育规律却并不了解，对孩子们的心理也不够熟悉。所以，慈善会认为，仅凭自己的能力是难以推进慈善文化的。而且，也很难直接介入小学之中去推进慈善文化。慈善会必须与学校达成一个这样的分工，即由宝安区慈善会负责提供专业的慈善文化教育内容，而由学校开展专业的慈善文化教育活动。这就是说，宝安区慈善会的慈善文化进校园活动，虽然是由宝安区慈善会发起的，但具体方案的制订、实施、评估、考核都是由学校独立负责完成的。由此，各学校便能充分结合自身特点，有的放矢地开展相关教育活动。只有这样，才能真正发挥出该项目的最大效果。

当然，也正是因为宝安区慈善会所开展的慈善文化进校园活动并没有固定的活动模式，就出现了一个有趣的现象，即每一所小学都有各自的有特色的做法。比如，坪洲小学提出了"日行七善，天天向善"的教育体系，而翻身实验学校则结合感恩节开展了为期两年的系列活动。

在与坪洲小学接触完之后，宝安区慈善会又与区教育局取得了联系，听取了教育局德育办公室相关负责人的意见。在此基础上，宝安区慈善会搜集了大量资料，了解国内其他机构在这个方面的经验与教训。比如，经过研究发现，中华慈善总会曾经编写过一个慈善读本。该读本确实宣传了慈善文化的相关内容，但其主要内容是关于慈善活动开展的，缺乏思想性。同时，宝安区慈善会还系统学习了政府的相关政策法规。最后，慈善会提出了一套可行的实施方案，即《推进"慈善文化进校园"工程工作方案》。

同时，宝安区慈善会立即着手编制了一本名为《我和慈善一起成长》的读本。该读本主要有两个方面的内容：其一，关于立身处世的道理，特别是对待父母师长的感恩之心；其二，关于助人为乐的道理，也即热心帮助身边熟人、陌生人的责任之心。之所以要在该读本中重点编写这两个方面的内容，主要是因为上述宝安区慈善会对慈善文化的界定——传统文化与现代实践相结合。

但在解释这两个方面的内容时，宝安区慈善会并不局限于古代中国，或现代西方。相反，其在里面加入了多个方面的内容。比如，其中有关于前联合国秘书长安南的故事，或者关于免费午餐发起人邓飞的事迹，或者孟子、刘备、康熙的名言警句。

由于这一读本面向的主要群体是小学生，所以宝安区慈善会在编写这一读本时，在其中插入大量的故事和漫画。同时，读本的用语也相对低龄化，对故事含义的解释也尽可能做到深入浅出。这一慈善读本是由宝安区慈善会自行编写的，并交由出版社编辑、印刷，发放给每一个小学生。

在编写完慈善读本，制作完成实施方案之后，宝安区慈善会开展了第一次试点活动，所选定的小学也就是第一次联系的坪洲小学。该次试点活动持续了约半年的时间。经过对这一试点的总结、调整，宝安区慈善会又拿出了一个新的实施方案。在这一基础上，宝安区慈善会再次与区教育局取得联系，邀请其从全区 100 多所小学中筛选出 7 所，再次开展试点工作。

之所以要通过区教育局筛选小学，宝安区慈善会有两个方面的考虑：其一，慈善文化教育关涉文化价值的倡导工作，十分重要。而邀请区教育局作为政府代表参与其中，为该项目提供了政府支持，标志着该项目具有正当性。这有利于该项目的开展实施。其二，教育局作为教育主管部门，对各小学的情况十分了解。这有助于该项目的顺利开展。

区教育局在接到宝安区慈善会的邀请后，认为慈善文化教育与学校的德育工作相吻合。同时，区教育局德育办公室还十分认同宝安区慈善会关于慈善文化的界定。所以，区教育局十分积极地从各街道筛选出了一批小学。在筛选这些学校时，宝安区慈善会要求注重这些小学的区域性、代表性，同时关注各学校的特色。最后，宝安区慈善会从这批小学中挑选了6所公立小学、1所民办小学作为首批试点单位。

此后，由于该项目效果突出，2015年宝安区慈善会进一步扩大规模，联系区教育局，新增了8所小学。其中，公立小学7所、民办小学1所。

五 项目管理

在选定试点小学后，在宝安区慈善会层面，其开展了一系列管理工作。这些工作具体包括以下几个方面。

第一，设计架构。诚如以上所述，在该项目实施过程中，宝安区慈善会只提供内容，不直接干预教育活动。但是，这并不代表宝安区慈善会全部参与项目的管理工作。相反，宝安区慈善会设计了一个相对合理的管理架构。在这一架构中，宝安区慈善会负责两项工作：提供慈善文化教育内容，开展大规模的宣传报道。

首先，提供慈善文化教育内容，不仅指的是编写上述慈善读本，还包括设计"慈善娃"形象。为了符合现代孩子的特点，取得孩子的认可，宝安区慈善会与企业家合作，邀请日本专业动画人设计了一对"慈善娃"的形象，取名为"宝宝"与"安安"。这两个"慈善娃"一个是男娃，一个是女娃，正好对应不同性别的小学生。在后期的活动中，宝安区慈善会将这两个"慈善娃"的形象运用于其中，提出了"日行一善，天天向善，人人争当慈善娃"的口号。

其次，所谓宣传报道，不仅有针对宝安区慈善会的相关报道，也有大量的针对小学、学生及其家长的报道。这种做法提升了学校及家长对该项目的认同度，营造了一个有利于该项目开展的外部环境。

学校负责根据自身的特点，有针对性地开展慈善文化教育活动。各所小学基本都将慈善文化融入了德育工作之中。所以，对慈善文化教育活动，各所小学并没有感觉这是增加了它们的负担，反倒认为其为德育工作添加了新的内容，使原本"不接地气"的教育内容变得更为生动了。所以，各小学纷纷反馈，在加入慈善文化教育的内容后，学生在德育教育内容方面的理解力得到了明显的提升，接受德育教育的积极性也得到了大幅提高。

第二，设定原则。为了有的放矢地推进慈善文化教育，宝安区慈善会设定了一系列管理原则。这些原则包括：教育提升原则、自愿参与原则、实践体验原则、体现特色原则。

所谓教育提升原则，指的是通过教育引导，培养参与者感受爱、表达爱、提升爱的能力。这里提及的爱，指的是一种生活化的爱，并由此及彼，从小到大。这一原则的提出，改变了传统德育过程中只讲大爱、直接提大爱的做法。传统德育教育的这种做法脱离了生活的根基，难以取得预想的效果。而宝安区慈善会的这一原则，从生活入手，注重感情与习惯的培养，弥补了传统德育教育的不足。

所谓自愿参与原则，指的是参与者自愿参与各项活动，活动开展形式多样。爱的培养，是一个推动社会主体形成内心感情，并自愿表达内心感受的过程。这一过程并不能以强制为基础，否则便不能形成真正的爱的情感。不过，在实践中，考虑到小学生教育的特点，教育者也应做到统一学习和自愿参与相结合。也就是说，在学习基础理念时，可以采用统一授课的方式，而在爱的表达过程中，则鼓励自愿行动，形式多样化。事实上，各所试点小学都是这么做的。比如，坪洲小学就采用了统一授课加自愿参与活动的方式。

所谓实践体验原则，指的是以活动为基本的组织形式，根据参与者的兴趣特点及心理情感，让参与者不知不觉地受到教育与启发。之所以设定这一原则，是因为仅采用授课的形式，会使参与者感到乏味。所以，必须开展多样化的活动，以提升参与者的积极性。

所谓体现特色原则，指的是让慈善文化有计划、有步骤地渗入学校的教学活动之中，在小学生心中播种善念，让德育教育融入慈善文化、慈善文化提升德育教育。这就是说，由各学校结合自身特点，开展教育活动。

第三，划定内容。基于上述几大原则，宝安区慈善会提出该项目的基本内容是四大融合：慈善文化与传统文化相融合，慈善文化与主题活动相融合，慈善文化与家庭教育相融合，慈善文化与课外实践活动相融合。

值得注意的是，这几项内容只是宝安区慈善会提出的基本框架。各小学在具体实施过程中都会根据自身情况做出调整。

第四，筹集经费。虽然该项目是结合各小学的德育课程开展的，并没有太多的活动经费支出，但宝安区慈善会依旧需要印制慈善读本，以及投入人力资源。据了解，自该活动开展以来，在 2 年内，宝安区慈善会先后投入30余万元。为了筹集这部分费用，宝安区慈善会先拿出来一部分办公经费，然后向政府申请资金支持。宝安区宣传部文明办从文化基金中给予了约10万元的资助。同时，宝安区慈善会还与当地的企业家取得了联系，开展了客户培养的工作。比如，在启动仪式中，宝安区慈善会邀请了企业家到场致辞；在小学的慈善座谈中，宝安区慈善会也邀请了慈善企业家讲述他的慈善心路历程；等等。这种用心的做法让企业家认识到了慈善文化的重要意义，有企业家表示，愿意赞助宝安区慈善会下一步的慈善文化教育活动。

第五，后期管理。在后期管理方面，虽然宝安区慈善会没有建立评估与考核机制，却开展了一系列走访、交流、总结活动。

（1）不定期走访。宝安区慈善会每年不定期走访各所合作的小学一次，了解其在德育方面的情况，提出意见建议。

（2）总结座谈会。每年年底，宝安区慈善会会召开一次总结座谈会。召开总结座谈会，一方面是为了总结该项目的经验，另一方面也是为了各试点小学相互之间交流经验。比如，在2015年的总结座谈会上，坪洲小学就分享了它近年来慈善文化教育方面的经验，给了与会者很多启发。大家在听取坪洲小学的经验之后，纷纷丰富了各自的方案。

六 教育实践

在清楚了宝安区慈善会的慈善文化进校园活动的大体情况后，我们不禁又要提出一个新的问题，即慈善文化教育在实践中是如何开展的呢？它真的能起到作用吗？为了更为清楚地了解各小学在慈善文化教育方面的实践和效果，笔者走访了坪洲小学和翻身小学。这两所学校在开展慈善文化教育方面各有特色。

（一）坪洲小学的慈善教育实践

坪洲小学是一所公立小学。这所小学在慈善文化教育方面，与国学紧密结合，兼顾公民教育，提出了一套独特的理念，也即"日行七善，天天向善"。所谓七善，指的是颜善、言善、心善、眼善、身善、食善、物善。这"七善"都是生活化的小善行，所倡导的理念是从小事做起，全员参与学做人。而且，校方在设定这"七善"的内容时，特意选择了值得做、有效果的内容。

这"七善"基本分为四大方向。

（1）个人修养。坪洲小学认为，慈善文化培养应从孩子们个人修养培育入手。所以，它提出了颜善、言善和身善。比如，在颜善方面，坪洲小学提出"平日勤洗澡换衣，衣着朴素、整洁、大方，头发、脸面、脖颈清洁，手和指甲干净，不留长指甲，指甲缝隙无污垢"等基本规范；而言善则包括"讲文明话、普通话，对别人多说鼓励的话、安慰的话、称赞的话、谦让的话、温柔的话"等内容；身善指的是"有好的身体、好的行动、好的仪表体态"。

（2）尊重长辈。坪洲小学结合传统文化，倡导孩子们尊重长辈。所以，它提出了心善，也即"懂得称呼长辈，懂得爱护弱小；每逢吃饭入座必须让长辈先入座，主动为长辈添饭；到家必须先向家长报平安，每逢出门必须要告诉家里的长辈，并说再见；外出玩耍、办事必须告知地点、时间和同伴，迟归时必须及时告知原因"。这里值得一提的是，坪洲小学提出的上述内容是结合了小学生的行为习惯。现在孩子们外出，经常不给家长打招呼，也曾经出现过孩子深夜不回家而家长报警的情况。所以为了改变孩子们的习惯，坪洲小学提出了"外出玩耍、办事必须告知地点、时间和同伴，迟归时必须及时告知原因"的内容。

（3）助人为乐。在上述内容的基础上，坪洲小学进一步提出了助人为乐的内容。比如，所谓眼善，就是指"以善意友好的眼光去看别人；拾金不昧，扶老奶奶过马路，在车上要让座，见到别人有需要，能给予力所能及的帮助等"。

（4）公共意识。此外，结合公民教育的内容，坪洲小学还提出了一些基本的公民道德规范。这也就是所谓的食善和物善。其中，食善中提到了"不剩饭菜，不浪费水"；物善中提到了"保持家园校园环境整洁；取用物品归还原处；爱护公物，不在课桌椅、墙壁等处乱涂乱画"等内容。

综上所述，坪洲小学的这"七善"，恰恰印证了宝安区慈善会对慈善文化的基本界定，即传统文化与现代实践，也符合宝安区慈善会"学校、社会、家庭三位一体"的基本思路。

在设定这一基本思路的基础上，坪洲小学开展了一系列准备工作，包括：第一，动员教师。坪洲小学召开了一次教师动员大会。在会上，校长动员教师参与到这一教育工作中来。第二，发动家长。坪洲小学安排教师找家长面谈，并召开多次座谈会，宣传发动家长，以获得家长对这一活动的支持。第三，召开主题班会。为了动员孩子积极参与到这一项活动中来，坪洲小学召开了一系列主题班会。在班会上，各班的班主任介绍了相关的情况。

在完成前期的准备工作之后，坪洲小学开展了四大方面的活动。

第一，校级——宣传交流。在学校层面，坪洲小学安排了一系列宣传交流活动，包括：（1）每月一次的周会课，在班主任的带领下学习慈善读本。（2）每周四的红领巾广播，通过征集学生的心得体会，交流对慈善读本的学习感悟。（3）通过家校通，每周发一条慈善短信，布置爱心作业。所谓爱心作业，是学校在特定时间布置给学生的一项自选内容的作业。比如，在母亲节的时候，要求学生为母亲做一件事。学生可以自选事情的具体内容，比如为母亲做家务、为母亲洗脚等。做完这件事后，学生只需在微信群里分享做事的照片，便是完成了作业。（4）专题讲座。学校先后聘请了刘国玲秘书长、张云鹰校长、深圳大学石海平教授等，在全校教师、家长大会上宣讲慈善文化相关主题。

第二，班级——主题活动。在班级层面，坪洲小学组织了一系列学习交流活动，包括：（1）每周二、四中午各班级开展"与爱同行"自主阅读、学习交流；（2）各班教育活动，比如以"我的中国梦""我心目中的宝安"为主题的读书征文、主题班会、故事会、演讲比赛等活动；（3）每周一次的主题班会，以视频、课件等形式传授感恩理念。

第三，家庭——亲子诵读。上述两个部分主要的着力点是灌输爱的理念。在此基础上，坪洲小学开始推动爱的实践，即在家长与孩子之间培育起爱的情感。为了实现这一目标，坪洲小学请家长一起参与慈善文化教育活动，在活动中加入了大量的亲子互动的内容。这些内容包括：（1）每月安排慈善读本亲子诵读活动，家长与孩子共同学习、交流；（2）每逢节假日布置特殊德育作业，让学生帮家长做一件事，或结合慈善读本，写一篇感想体会；（3）结合坪洲小学已有的"亲子城堡"，新增了大量慈善文化的元素，如由家长带领探访福利院，在社区里一起做义工等；（4）特色主题家长课程，即利用家长的资源，由家长给孩子们讲课，比如，有的家长带着烤箱，教孩子们如何烤面包，有的家长给孩子们做电脑培训等。

第四，个人——实践体验。坪洲小学还安排了相当数量的个人实践活动，以推动学生的慈善实践。坪洲小学认为，这是一个从学习到实践的过程。这些活动具体包括：（1）校园实践岗位。学校为学生提供了不少校园实践岗位，也即"校长小助理志愿岗"。这些岗位包括：礼仪长廊、开放书吧、仪容示范、校园十景、两操卫生等日常管理岗。（2）校园慈善实践。学校设计了一些校园内的慈善实践活动，如"我为妈妈做靓装""最美妈妈我装扮""跳蚤市场爱心义卖"等。其中，"我为妈妈做靓装"活动，就是让孩子们动手，以废弃材料帮助母亲设计一件时装。这既培养了家庭情感，也培育了孩子们对环保的关注，树立了孩子们对社会的责任心。"跳蚤市场爱心义卖"主要是让孩子们在市场上出售自己不用的文具和玩具，并鼓励孩子将收到的钱拿出一部分用于慈善捐赠。（3）社会慈善实践。学校还加入了一些社会实践活动，如走进社区、走进西乡客运站、走进污水处理厂、走进福利院慰问演出、走进福永凤凰山等。其中，仅以走进西乡客运站为例，这一活动就是在过年时，让家长与孩子一起，在客运站做义工，帮行李多的旅客提拿行李。

坪洲小学还针对家长做了一些培训：第一，对家长义工的培训，比如请宝安区妇联的领导来教家长如何做义工；第二，家庭教育讲座，即告诉家长如何在家庭中更好地教育孩子，树立孩子爱的情感，陪伴孩子共同成长。

此外，坪洲小学还设计了一套评价机制，包括自我评价、伙伴评价、班级评价、家长评价等几个方面。这些评价的成绩汇总后，由学校德育处统一评定，选出校级"爱心小天使"。同时，各班级也会评选出班级"爱心小天使"。

经过近两年的培育，坪洲小学的学生与家长都出现了明显的变化。

首先，在家长方面，变化表现在两个方面：第一，态度变化。一开始，家长对加入这些活动并不太理解。而在经过近一年的互动后，家长明显看到了孩子们的变化，于是纷纷变得十分主动，主动出人、出力、出车。第二，身体力行。家长们不仅变得主动了，还身体力行，直接参与到慈善活动中来。比如，家长们纷纷报名做义工，在宝安区义工联登记注册成为正式义工。据统计，从2014年至今，坪洲小学的家长义工从不足50人，上升到现在超过200人。由于家长义工数量太多，学校无法安排每一位家长参与学校的义工工作，有的家长甚至主动来学校，要求安排义工工作。

其次，在孩子层面，变化主要体现在孩子们懂得感恩了。比如，有孩子主动向老师表示，希望不被留堂，因为一旦留堂，他母亲就要来学校接他，他母亲工作很累，如果还要来接他，就会给她增加额外的负担。这令他的母亲感动不已。又如，有老师在上课时不停咳嗽，次日，学生主动给老师买来了很多的咳嗽药，这也令这位老师感动不已。再如，坪洲小学的黄同学患有地中海贫血症，需要做骨髓移植手术，手术所需费用高达 60 万元。为了为黄同学筹集费用，学校发动师生捐款。仅这一次活动，该校师生就为黄同学捐赠了 9 万多元善款。

（二）翻身小学慈善教育实践

翻身小学是一所民办小学。这所小学在慈善文化方面，也做了很多工作。比如，其设定了四大原则，包括教育提升原则、课程体验原则、实践体验原则、体现传统文化原则。再如，其提出了七大融合，包括慈善文化与学校人文教育相融合、慈善文化与学生思想品德相融合、慈善文化与主题班会相融合、慈善文化与校园六节相融合、慈善文化与国旗下讲话等主题活动相融合、慈善文化与家庭教育相融合、慈善文化与"三好学生"和"五星班级"评选相融合等。

在翻身小学的这些精心的安排中，最有特色的是它设计了 16 个主题，48 项活动。按照各小学 1 年 8 个月在校时间计算，平均 2 年完成 1 轮全部主题。所以，每一个学生在校期间，可以经过 3 轮此类活动。之所以要安排这么多活动，是因为学校认为，慈善文化教育必须持之以恒，只有这样，才能有影响力，才能达到预期的效果。

在这么多活动中，其中有一项是感恩节。在感恩节上，学校提出要做到五个"一"。所谓五个"一"指的是：第一，做一份送给父母的礼物；第二，给父母写一封信；第三，看一场感恩主题的电影；第四，进行一次感恩题材的诗文朗诵；第五，进行一次感恩主题的演讲。

在这五个"一"中，最为重要的是给父母写一封信。学校要求不仅要写一封这样的信，还要读给父母听，并请父母在旁点评。之所以这么要求，是因为现在很多孩子都不知道如何向父母表达感恩。而采用这种方式，则疏通了沟通的渠道，提供了表达的机会。据了解，经常有家长在听到孩子们念的信后，感动得热泪盈眶。

同时，翻身小学与坪洲小学一样，也会使家长融入亲子互动的过程。比如，学校搞了"家长开放日"、主题班会等活动。在主题班会上，学校邀请家长参与，与孩子一起表演节目，互相与对方表白心声。

同时，学校也鼓励学生开展慈善实践活动。比如，学校设立了文明礼仪督察岗、低碳指导员等，让学生上岗实践。此外，学校也组织家长和孩子一起去福利院参观；组织学生表演活动，请市民观看；等等。

经过学校一年多的培育，一方面学生知道如何向家长表示感恩了，家庭的情感也构建了起来；另一方面，家长也产生了更为主动的互帮互助的意识。有一次，深圳市下暴雨，翻身小学的校门被淹了。于是，就有一些家长自发组织起来，在校门口背来上学的学生进校门。

七　讨论

（一）新倡导型组织

宝安区慈善会的慈善文化进校园项目超越了我们对慈善组织分类的基本认识。或者更为准确地说，其并不符合任何一种传统类型的慈善组织类型。

在西方正统的类型界定中，慈善组织主要包括两种类型：服务型组织与倡导型组织。服务型组织以提供有价值的公共服务为主要业务方向，如红十字会、联合之路等；倡导型组织以开展价值游说、推动政府政策变革为主要业务方向，如很多环保机构。

将宝安区慈善会的这一项目与这两大组织类型进行对比，可以发现其难以与其中任何一种组织类型相契合。

首先，其不契合于服务型组织。这一项目有服务的元素，比如，向小学生提供了教育服务。显然，其不同于其他任何类型的教育服务，因为其不是向贫困小学生提供义务教育，而重点在于倡导一种价值——爱。这绝非简单的服务型组织所能涵盖的。所以，在开展这一项目时，宝安区慈善会不是传统意义上的服务型组织。

其次，其也不契合于倡导型组织。这一项目有理念倡导的元素，比如，其在大范围内传播"孝"的理念。但是，令人奇怪的是，它在这么做的时候，运作逻辑却不同于倡导性组织。正统的倡导型组织的项目，如果是向社会公众传播理念的，其最终目标也必然要回归到游说上来。这就是说，倡导型组织的运作逻辑是这样的：通过影响社会公众，最终"倒逼"政府修改立法或出台政策。但是，在宝安区慈善会的这一项目中，我们没有看到这一运作逻辑。相反，我们看到的是一家官办组织，联合政府部门（教育局），向社会公众传播"爱"的理念。其既没有试图影响政府的动机，也没有"倒逼"政府改革的实际举动。其所做的不过是在切实地"教育"公众。所以，在开展这一项目时，宝安区慈善会不是传统意义上的倡导型组织。

那么，我们的问题是，宝安区慈善会到底是一种什么样的组织呢？

对这一问题的回答，必须要突破西方正统的慈善组织类型界定。结合中国的现实情况，我们只能拟制出一种新型的组织类型，即价值教育型组织。

所谓价值教育型组织，是以共同的价值为导向，并通过多种方式，向社会传播该价值，以推动社会价值认同趋向同一的一种组织。这种组织有如下几大特点。

第一，认同社会共同的价值。这种组织奉行一个基本理念，即社会有共同的价值取向。其成立的目标就是实现这一共同价值，维护这一共同价值。所以，这种组织仅在有共同价值的社会之中才能出现，反之就只能出现价值倡导型组织。

第二，推动社会认同共同价值。这种组织的主要使命是通过各种方式，开展多种活动，推动社会公众认同共同的价值。也就是说，这种组织的主要价值是改变不同社会群体之间价值认同的分野，使大家的观念趋向一致。

第三，价值认同的基础在于爱的纽带。之所以这种组织能够成功地使大家的观念趋向一致，其所依靠的不是理性的利益计算。这是因为如果依靠的是利益计算，而不同群体之间的利益诉求又具有较多差异，那么，其就很难实现各群体之间关系的弥合。所以，其不能依靠理性的利益计算。其所能依靠的只能是"情感"。这就是说，其必须通过唤起人们的自然情感，以爱的传递的方式，将人们的情感融于一处。如此，其便能构筑起一个牢固的爱的纽带。这便是这种组织基本的运作逻辑。

第四，价值教育的工作是自上而下的。与价值倡导型组织不同的是，价值教育型组织的工作是自上而下的。这是因为，当社会有共同的价值的时候，教育内容的选择、教育方式的设计、教育对象的遴选、教育效果的评判等工作只能由共同的中心来决策和完成。这并非一个自下而上的倒逼的过程，而是一个自上而下的影响的过程。

对比上述四点，我们发现宝安区慈善会符合其中的每一点。首先，其认同共同的价值，也即传统文化中的"孝""仁"等思想；其次，其致力于推动这些价值的实现；再次，其实现上述价值的依据是调动人们"爱"的情感；最后，这种价值教育工作是自上而下的。所以，我们可以肯定地说，宝安区慈善会是一种新型的慈善组织——价值教育型组织。

(二) 运作机制

那么，价值教育型组织的运作机制是怎么样的呢？或者，我们如何能通过运作价值教育型项目，来弥合社会的情感裂痕呢？

通过宝安区慈善会的这一项目，笔者认为，我们要抓住如下几个要点。

第一，推己及人。在中国社会中，要推动人们之间构建爱的纽带，必须要采用符合中国传统文化的方式。这在慈善领域，主要表现为"推己及人"。这就是说，要重塑人们家中爱的情感，并使之泛化，以对家人的爱去爱人。

在宝安区慈善会的这个项目中，我们看到，其基本思路是"营造学校、社会、家庭三位一体的慈善文化氛围"。诚如以上所述，这就是实现了学校、家庭、社会间的"推己及人"，是爱从孩子传递给家长，再由家长传递给其他人。

在坪洲小学的慈善文化教育实践中，我们也看到了类似的逻辑。学校首先是从对孩子们的教育入手的，但又十分注重家长与孩子的互动。这显然是为了构建家中爱的纽带。同时，学校又鼓励并组织家长与孩子共同到社会上实践慈善，比如到车站、福利院等。这显然是为了推动爱从小家走向大家，"推己及人"。

第二，自愿接受。爱的情感之培育必须立足于自愿。如果是强制推进，反而会起到反作用。所以，宝安区慈善会在运作该项目时，反复强调自愿参与原则。同时，其还给各小学以自由权，充分尊重各小学的意见，让它们根据自己的学生的特点，有的放矢地开展教育活动。这也是出于同样的考虑。

第三，实践体验。爱的情感之培育不能仅停留在理念教育层面。仅停留在理念教育层面的情感只是心理上的，没有真正外化为有效的爱的纽带。要想将这种内心的爱的情感变成外在的爱的纽带，必须要推动被培育者的实践行动。只有让人们在爱的实践中相互交往，才能真正有效地建立此类爱的纽带。所以，培育者必须要创造多种机会，让被培育者开展实践活动。

在宝安区慈善会的这一项目中，我们看到了慈善会重点提出了实践体验原则，就是出于这一考虑。同时，在各小学的实践中，我们看到坪洲小学设计了校园实践岗位、校园慈善实践、社会慈善实践等实践渠道,翻身小学设立了文明礼仪督察岗、低碳指导员等实践岗位,并组织家长和孩子一起去福利院参观,组织学生表演等各类活动。其根本目的都是一样的,就是在实践中,让被培育者构建与社会公众之间爱的纽带。

综上,我们认为,价值教育型组织的运作机制是这样的:以情感培育为基本目标,以自愿接受为情感入口,以实践参与为情感出口,最终实现"推己及人"(见图7-1)。

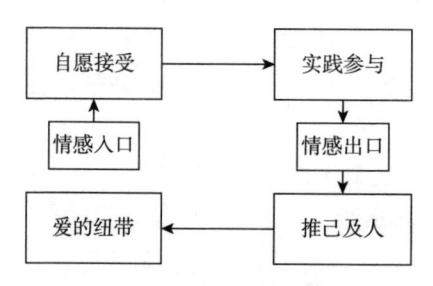

图7-1 价值教育型组织的运作机制

八 结语

宝安区慈善会的慈善文化进校园项目创造了一种全新的慈善组织类型,即价值教育型组织。这种组织的活动有助于中国社会情感裂痕的弥合,对实现社会不同群体之间的认同、构建共同的价值起到了巨大的作用。

也正是出于对这一价值的认识,2016年,由深圳市民政局牵头与各区签订了协议,决定在深圳市全面推广这一项目。所以,相信在不久的将来,我们会在深圳市全市的小学里看到慈善文化教育活动了。

第八章　嵌入性社会治理的模式与机制

一　问题的提出

在韦伯看来，任何组织在发展过程中都需要解决两个问题，其一是合法性问题，其二是合理性问题。所谓合法性并不是指组织的合乎法律性，而是指组织为其所依存的环境所认可，这主要是一种价值的判断。所谓合理性是指组织的设计和运行必须是理性的，理性最终表现为效率。

"郭美美"事件后，官办慈善组织的合法性与合理性开始受到质疑。人们纷纷提出改革官办慈善组织的建议。首先，人们质疑官办慈善组织的合法性问题，即认为官方主办的慈善组织不是慈善组织。他们认为，慈善组织必须具备相当的民间性。而官办组织正与这一特性相对。所以，他们提出要通过官办慈善组织的"去行政化"或"去体制化"，消除其官办色彩，推动官办组织的民间化。现在，各地政府也在尝试推动官办慈善组织的"去行政化"。

但问题是，官办慈善组织在"去行政化"的同时就真的应该"去体制化"吗？它们在社会治理过程中真的仅仅承担与其他民办慈善组织相同的职能吗？笔者认为结论是否定的。官办慈善组织承担了与民办慈善组织相当不同的职能，即成为政府在社会治理中的抓手，牵动其他社会力量的职能。这就是说，政府是通过官办慈善组织来牵动其他社会力量，共同完成社会治理工作的。

那么问题是，这一机制是如何运作的呢？政府该如何有效利用官办慈善组织，牵动其他社会力量呢？针对这一问题，本书结合嵌入性理论，希望通过对宝安区慈善会在社会治理中的作用揭示这一机制的运行逻辑及其效果。

二　理论框架

卡尔·波兰尼在《大转型：我们时代的政治与经济起源》一书中首次

提出"嵌入"概念。他指出,在 19 世纪以前,"经济体系,从原则上说,是嵌入在社会关系之中的;物质货品的分配是通过非经济动机来保证的"①。1985 年,马克·格兰诺维特发表了《经济行动与社会结构:嵌入性问题》,主要观点是"将人看作是嵌入于具体的、持续运转的社会关系之中的行动者,并假设建立在亲属或朋友关系、信任或其他友好关系之上的社会网络维持着经济关系和经济制度"②。此后嵌入理论成为经济学、社会学、管理学和政治学的热门研究工具。

许多学者也运用嵌入性理论研究慈善组织问题。荷兰籍华裔学者何彼得在其对中华环保联合会的研究中发现"党-政府-社会"之间的关系需要重新做界定。退休的政府干部积极推动环保类组织的成立,并利用原有的政治和社会资本来推动环保组织的发展壮大,同时这些组织又必须接受这些政府干部的监管,从而保证这些慈善组织仍然能够为政府所控制,他把政府这种由原来的小心防范转换为"既用之,又防之"策略的过程界定为一种"嵌入性行动"。③

杰西卡·蒂斯在彼得的研究基础之上进行了更为系统的研究。她指出:"虽然,官方对慈善组织的双重管理体制旨在强化国家对慈善组织的控制能力,但由于政府内部部门利益和差异导致了分散的威权主义,因此政府部门也会跟慈善组织形成某种合作关系。"④ 而刘鹏认为,就改革实践而言,当代中国政府在慈善组织管理体制方面正逐步从分类控制转向嵌入型监管,地方政府在对慈善组织的吸纳能力、慈善组织管理重点的分化、慈善组织管理制度化水平、慈善组织管理手段多元化四个方面的监管水平有了明显提升。嵌入型监管的模式能够更好地描述和解释当代中国政府对慈善组织管理的现状。⑤ 那么,嵌入性理论可以从哪些方面来分析?格兰诺维特最早提出的框架有结构嵌入性和关系嵌入性两种。后来美国学者沙龙·祖金和

---

① 〔匈牙利〕卡尔·波兰尼:《大转型:我们时代的政治与经济起源》,冯钢、刘阳译,浙江人民出版社,2007,第 50 页。
② 转引自符平《市场的社会逻辑》,上海三联书店,2013,第 28 页。
③ 刘鹏:《嵌入性控制:当代中国国家—社会关系的新观察》,参见康晓光等《依附式发展的第三部门》,社会科学文献出版社,2011。
④ Jessica C. Teets, "Independence and Mother-in-Laws: The Effect of MoCA Regulations on Civil Society Autonomy in China," Paper presented for American Political Science Association Meeting 2009, September 4th, 2009, Toronto, Canada.
⑤ 刘鹏:《嵌入性控制:当代中国国家—社会关系的新观察》,参见康晓光等《依附式发展的第三部门》,社会科学文献出版社,2011。

迪马吉奥把嵌入性分为四种类型：结构嵌入、认知嵌入、文化嵌入、政治嵌入。

本书所说的嵌入性管理，指的是"基于特定的策略组合对社会组织的运行过程和逻辑进行深度的干预和调控。与此同时，社会组织也愿意主动或被动地接受这种干预和调控，即受嵌行为"。[①]

本书认为，嵌入包括四个环节（见图8-1）。

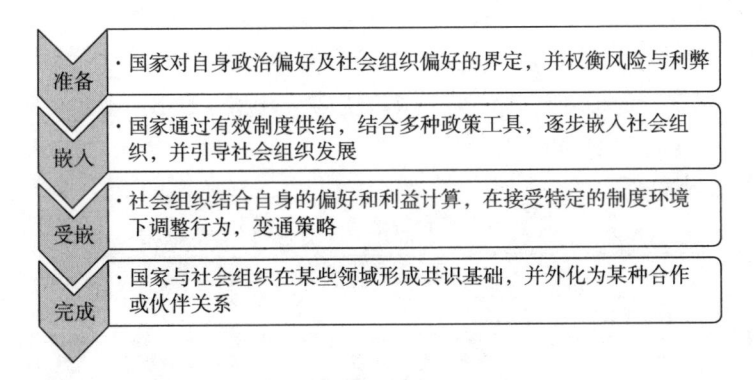

准备 · 国家对自身政治偏好及社会组织偏好的界定，并权衡风险与利弊

嵌入 · 国家通过有效制度供给，结合多种政策工具，逐步嵌入社会组织，并引导社会组织发展

受嵌 · 社会组织结合自身的偏好和利益计算，在接受特定的制度环境下调整行为，变通策略

完成 · 国家与社会组织在某些领域形成共识基础，并外化为某种合作或伙伴关系

图8-1 嵌入性管理流程阶段

资料来源：刘鹏、孙燕茹《走向嵌入型监管：当代中国政府社会组织管理体制的新观察》，《经济社会体制比较》2011年第4期。

同时，本书还认为，嵌入包括两个方面（见图8-2）。

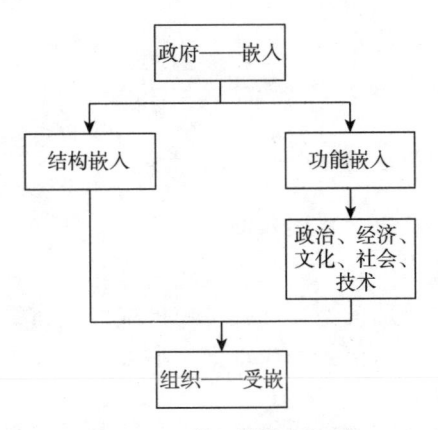

图8-2 嵌入性管理机制

[①] 刘鹏、孙燕茹：《走向嵌入型监管：当代中国政府社会组织管理体制的新观察》，《经济社会体制比较》2011年第4期。

第一,结构嵌入。所谓结构嵌入,指的是政府通过构建社会关系与资源供给网络的方式,将慈善组织嵌入其中,以使慈善组织在其中找到固定位置的做法。

第二,功能嵌入。所谓功能嵌入,指的是政府向慈善组织转移部分功能,并通过慈善组织向经济社会进一步转移这些功能的过程。在这一过程中,根据政府嵌入功能的不同,我们又可以将之分为政治性功能嵌入、经济性功能嵌入、文化性功能嵌入、社会性功能嵌入以及技术性功能嵌入等几个方面。

对比西方式的市场化模式,中国传统的行政指令模式,"嵌入性"管理模式有三大优势(见表8-1)。

表8-1 三种管理模式优劣势对比

项目	市场化模式	行政指令模式	嵌入性管理模式
手段	市场手段	行政手段	嵌入性手段
效果	1. 发展慈善组织 2. 缺乏对慈善组织的抓手	1. 有效管理社会组织 2. 侵夺社会组织自主性 3. 易激发社会组织的对抗情绪	1. 适度保障社会组织独立性 2. 通过外部网络掌握慈善组织资源渠道

第一,手段糅合。市场化模式依赖的是市场手段,如市场准入、行为监管等,侧重于对市场的引导和外部监管。行政指令模式依赖的是行政手段,如行政命令、行政处罚等,侧重于对慈善组织的内部干预。"嵌入性"管理模式糅合了上述两种手段的精华,采用在政治、结构和功能面向上嵌入慈善组织的手段,通过筛选、引导、管理与培育慈善组织,并进而牵动整个社会领域。

第二,效果更佳。市场化模式的正面效果是能够发展慈善组织,推动慈善事业的发展。但是,在中国却容易出现对慈善组织缺乏抓手,导致慈善组织游离在政府之外的问题。行政指令模式的正面效果是政府能够掌控慈善组织,避免社会组织的离心化举动。但其却容易出现侵夺慈善组织的自主性,甚至激发它们的对抗情绪。

"嵌入性"管理模式基本避免了上述两种模式的问题。它能给予慈善组织自主空间,令其适度独立;同时,政府又能通过外部网络掌握慈善组织的资源渠道,使之不敢脱离政府,成为去中心化的力量。所以,"嵌入性"管理模式的效果较上述两种模式更佳。

所以，嵌入性管理模式是一种比市场化模式和行政指令模式更为适合中国采用的管理模式。其既不会压制慈善组织的活力，又不会使慈善组织脱离政府的管理。

三　嵌入性社会治理：宝安区慈善会的个案分析

2006年，宝安区党代会和人代会报告要求成立宝安区慈善会，区党委副书记负责推动慈善会的筹备工作。2007年1月18日，宝安区慈善会成立，业务主管单位和登记管理机关为宝安区民政局，接受省民政局的业务指导和监督管理。成立当日慈善会共募集资金5612万元，包括区政府将990万元财政专项资助资金注入慈善会作为创始基金。在随后的近10年的时间里，慈善会秉承"透明慈善""阳光慈善"的宗旨，发扬人道主义精神，弘扬中华民族扶贫济困的传统美德，开展安老、扶幼、助学、助医、助残、济困、救灾等慈善救助工作，促进宝安公益事业发展与和谐社会建设，取得了良好的成绩，获得社会好评。

在这一过程中，宝安区政府系统[①]不断"潜入"宝安区慈善会，并通过宝安区慈善会嵌入经济社会系统，最终牵动全区众多企业、企业家、慈善组织、公众参与到慈善领域的社会治理当中。那么，宝安区慈善会是如何做到这一点的呢？

（一）政府系统向慈善会的嵌入

慈善会同政府系统的嵌入是双向的，是一个互嵌的过程。其中，政府系统对慈善会的嵌入，既包括结构性嵌入，也包括功能性嵌入。具体而言有以下几点。

第一，结构性嵌入。从宏观上来看，宝安区慈善会的成立是地方党委政府响应党的十六届四中全会号召和执行中央政策的一种表现；从微观层面来看，宝安区慈善会的成立是宝安区党委政府策划和推动的。因此，从其筹备到成立的过程中就具有浓厚的官办色彩，政府系统对慈善的结构性嵌入也就顺理成章。

这种结构性嵌入的首要表现为社会关系网络的嵌入。慈善会的领导层包括荣誉会长、会长、副会长、秘书长、理事会（包括理事和常务理事）

[①] 这里的政府系统是广义的政府系统，包括党委、政府、人大、政协。

以及监事会，在领导层中最为重要的是会长、常务副会长、秘书长、常务理事以及监事会成员，担任这些职务的人员负责慈善会的日常运营与管理。从第一届慈善会来看，会长为原宝安区人大常委会主任，常务副会长为原宝安区委副书记、纪委书记。如果说这两个职位是由已经退休的政府系统人员来担任，那么其他一些重要职位则由现任的政府系统人员担任，如时任宝安区民政局局长、区工商联主席、区政协秘书长担任慈善会副会长，涵盖党委、政府、政协系统；时任区机关事务管理局调研员担任慈善会秘书长；监事会成员则由宝安区民政局调研员、财政局行财科副科长和审计局行政事业审计科负责人担任。第二届慈善会的领导层的结构在原则上同第一届大致相同，即会长、常务副会长、秘书长和监事会由政府系统人员担任。此外，慈善会的一般工作人员中有3个属于公务员编制。

通过编织这样一张社会关系网络，政府成功地将慈善会嵌入其中，从而增强了对慈善会的控制。同时，慈善会也通过这一渠道获取了体制内资源。慈善会通过将体制内资源与体制外资源融合的方式，放大了两种资源力度，提升了政府的社会号召力，改善了社会治理的效能。

其次，这种嵌入还表现为资源供给的嵌入。慈善会的工作场所由政府提供，同时这个场所就位于宝安区委区政府大院内，以至于一些人甚至认为慈善会就是党委政府的一个职能部门。

通过这种方式，政府在资源供给方面也对慈善会实现了部分控制。

第二，功能性嵌入。政府系统对慈善会的功能性嵌入主要体现在政治性功能嵌入、经济性功能嵌入和社会性功能嵌入。

（1）政治性功能嵌入。所谓政治性功能嵌入是指政府系统通过一些政治仪式对慈善会表示一种支持。政治仪式是一种象征体系，这种"象征体系尤其代表着社会的特定模式或政治范式以及它所起的作用……这种仪式起着某种认知的作用，使社会和社会关系得以理解，并使人民的关于过去和现在的知识以及他们想象未来的能力得到组织"[1]。政治仪式的这种象征性具有"使事物合法化，起导向作用的特性"[2]，因而具有权威性。在慈善会的成立大会以及换届大会中，政府系统的主要领导人会出席相关活动。

---

[1] 〔美〕杰弗里·亚历山大编《迪尔凯姆社会学》，戴聪腾译，辽宁教育出版社，2001，第92页。
[2] 〔俄〕谢·卡拉-穆尔扎：《论意识操纵》，徐昌翰等译，社会科学文献出版社，2004，第632页。

此外，在汶川地震募集等大型募集活动过程中，区委书记及其他相关政府系统领导带头捐款。通过这些仪式活动，慈善会获得了政治上的合法性。

（2）经济性功能嵌入。所谓经济性功能嵌入主要是指政府系统通过为慈善会提供资金来强化彼此之间的关系。对于慈善会这样的慈善组织而言，资金缺乏是经常遭遇到的难题，尤其是在创立之初。政府系统通过两个途径对慈善会进行注资，一是直接拨款 990 万元作为创始资金，二是为其提供每年 200 万元的办公经费。这种经济性的功能嵌入让慈善会对政府系统具有较强的依赖性，尤其是在创立之初。

（3）社会性功能嵌入。所谓社会性功能嵌入，指的是政府向慈善会转移职能，通过提供社会服务帮助宝安区政府以及街道办解决政府职责范围内需要解决的问题。

宝安区政府民政局的主要职责包括负责组织、协调救灾救济工作，接收捐赠款物，接收、管理和发放救灾款物，协调受灾群众的安置和转移，负责指导慈善事业发展和救灾募捐，负责保护弱势群体的基本权益，开展困难群众的临时救济。[①] 慈善会在过去 10 年里开展的主要工作同民政局具有很大的关联性或者是重叠性，或者说慈善会通过提供各种社会服务承担部分民政局的服务职能。这就是一个明显的嵌入与受嵌的过程。

据统计，2007~2015 年，慈善会共为 1705 名户籍困难居民提供医疗救助合计 1514.17 万元，为 997 名困难劳务工提供医疗救助共计 757.99 万元；个案救助 119 人共计 172.67 万元；慰问 943 名困难居民共计 299.7 万元。慈善会还向区以及街道的福利机构提供各种设施和救助款项。

通过上述机制，政府从政治理念、经济资源、社会功能方面完成了对宝安区慈善会的嵌入，加强了对宝安区慈善会的管控。由此，宝安区慈善会便成为一个合格的"抓手"。

（二）慈善会向经济社会系统的嵌入

在构建了政府向慈善会嵌入的体系后，慈善会也开始向经济社会系统嵌入。这里所说的慈善会向经济社会系统的嵌入，主要是指慈善会与企业以及慈善组织等互嵌。与政府系统向慈善会的嵌入一样，慈善会向经济社会系统的嵌入一样存在结构性嵌入和功能性嵌入两个面向。不过，这两个面向的嵌入显得更为复杂和多样。具体而言包括以下几点。

---

① 宝安区民政局官方网站。

1. 结构性嵌入

在结构性嵌入方面，慈善会从三个方向进行了嵌入。

第一，平台型嵌入。慈善会搭建了各种平台，将各类企业以及慈善组织连接起来，从而形成了一张巨大的社会关系网络。比如，2014年和2015年慈善会连续举办两届公益慈善项目大赛，第一届大赛共有20多个公益类慈善组织和社会福利机构报名参赛，第二届大赛共有92个慈善组织117个项目参赛。在第二届大赛还吸引企业直接参与到大赛之中，即企业可以根据自己的兴趣和需求，直接选择慈善组织进行捐助。通过这种方式，慈善会吸引了大量的企业与慈善组织加入，而自己则是掌控这张网络的核心。

第二，合作型嵌入。慈善会通过同其他组织签订协议的方式，进一步丰富了各种社会资源，构建了一个互相支持的社会关系网络。比如，2016年慈善会先后同新安商会、西乡商会、福永商会、沙井商会、松岗商会、石岩商会以及宝安区义工联合会签订了《推进公益慈善事业发展合作框架协议》，共同打造"合力慈善"。根据协议，慈善会同这些慈善组织通过联席会议、半年的座谈会和年度总结的机制搭建信息、资源共享平台，在资金、项目、宣传等方面共同推进公益慈善事业的发展；该协议的有效期为1年。

此外，为了进一步丰富资源，慈善会还在这一关系网络中加入了政府的力量。比如，慈善会同新安街道办签订《推进公益慈善事业发展合作框架协议》。根据该协议，区慈善会与新安街道共同开展探访慰问活动、"生命接力"新生儿资助项目等。

第三，成员型嵌入。慈善会通过将企业家或慈善组织领导纳入慈善会，发展其作为会员以及慈善会的领导层，完成了新一轮的社会关系网络的渗透。从第一期慈善会的领导层来看，第一届慈善会的名誉会长和副会长共有19人，其中来自企业的有16人，来自慈善组织的有2人；副会长10人，来自企业的有6人；常务理事27人，来自企业的有21人；理事中来自企业的则更多。第二届慈善会领导层的人员组成同第一届大致相同，大多数成员还是来自企业。根据《深圳市宝安区慈善会章程》，慈善会理事及以上领导层的任期是5年。

正是通过上述三个渠道，慈善会完成了对社会经济领域的结构性嵌入，使得自己成为牵动政府、企业、慈善组织、社会精英等的核心力量。通过这一核心力量，政府可以轻松完成对社会各项资源的整合，从而完成慈善领域的社会治理工作。

2. 功能性嵌入

慈善会向经济社会系统的功能性嵌入包括三个方面。

第一，经济性功能嵌入。近年来，慈善会通过多种渠道筹集了大量资金。比如，慈善会通过企业会员提交会费的方式，向企业募集了大量资金。此外，慈善会还积极利用其他专项募款方式，包括举办晚宴和拍卖会、设立冠名基金、定向募捐、推行社会化大型募捐活动等方式募集资金。从近10年募集资金的来源来看，企业所捐赠的资金占大部分。

在募集了大量资金后，慈善会通过两种方式，完成了向社会经济系统的经济性功能嵌入。

（1）慈善救助方式。慈善会积极响应政府的号召，通过向社会发放慈善救助资金的方式，完成了向社会的嵌入。

从宝安区10年来募集资金的情况来看，因自然灾害而募集的资金所占的比重非常大，如2008年因汶川地震募集1.7亿多元，占当年募集款的比例为80%；2009年因台湾风灾募集300万元，占当年比例为23%；2010年因玉树地震募集3575万元，占当年比例为54.1%。这些资金随后上缴到宝安区慈善会，最后向灾区政府发放。

此外，慈善会还为扶贫而募集资金。比如，2010年、2011年和2012年广东扶贫济困日分别募集1874万元、2938万元和1439万元，所占的比例分别为28.4%、88.8%和82.1%。广东扶贫济困募捐所得的6375万元，上缴市慈善会1440万元，下拨"双到"资金2935万元。其中"双到"扶贫是广东省委省政府推动的扶贫项目，通过区慈善会募集资金，帮助广东省和深圳市政府解决一部分扶贫资金问题。

（2）组织发展方式。慈善会还向慈善组织提供发展资金，以促进慈善组织的发展。比如，慈善会先后举办了两届公益创新项目大赛。在这两届公益慈善大赛上，慈善会先后为19个慈善组织提供资金资助。此外，慈善会还对多家非营利性福利机构提供资金帮助。从最近几年来看，慈善会正逐步由自己做慈善转变为向慈善组织提供资金推动慈善组织做慈善。

第二，技术性功能嵌入。所谓技术性功能嵌入，主要是指慈善会凭借自己在公益慈善领域服务多年而总结出来的管理经验帮助建立慈善组织以及帮助现有的慈善组织提升项目运营能力和资金获取能力。

诚如以上所述，2016年，慈善会同新安街道签订《推进公益慈善事业发展合作框架协议》。这一举动在实现慈善会向街道的结构性嵌入的同时，也推动了技术性功能嵌入。

根据该协议的约定，慈善会帮助新安街道探索成立2~3个社区慈善基金会、培育1~2个社区冠名基金，以此提升新安街道社区服务功能。同时，慈善会还要帮助新安街道打造"1+22+N+n"公益慈善体系。这里所说的"1"是指街道慈善帮扶促进会；"22"是指22个社区慈善帮扶协会；"N"是指各类慈善公益组织形式；"n"是指各类慈善公益项目。

通过这一架构，宝安区慈善会能帮助新安街道的街区慈善帮扶促进会以及帮扶协会和各类公益慈善类组织提升慈善项目的策划管理能力和资金募集能力，以将自身的先进技术转移给这些慈善组织。

此外，慈善会在实施公益项目大赛过程中，还通过举办项目训练营的方式，以及通过对参赛项目的筛选、展示和答辩等活动，整体提升了宝安区慈善组织的公益项目运营管理能力及从业人员的素质和能力。这也是技术性功能嵌入的一个表现。

第三，文化性功能嵌入。慈善会通过多种方式，不断宣传慈善会的慈善文化，向政府、慈善组织和公众嵌入了自身认同的慈善文化和理念。

从慈善会第一届领导班子开始，慈善会就非常重视慈善理念的传播，通过报纸、广播、电视、网络、海报、车身广告、慈善画册、候车亭、立柱以及具体的慈善活动等形式向社会宣传慈善，同时通过宣传慈善典型人物、推动慈善人物参与各种评价让更多人了解慈善。第二届领导班子更是通过设计慈善会会歌、设计慈善动漫和慈善娃娃玩具，将慈善理念形象化、具体化。此外，慈善会还开展了"慈善之语"征集和慈善征文活动，让更多人了解、参与慈善。

同时，慈善会还同宝安区教育局合作，推动慈善文化进校园，将这项工作作为教育工作的一个重要组成部分。

最后，慈善会还吸纳慈善组织参与开发慈善公益类项目，并在这一过程中向其传播慈善文化；慈善会还同各镇街商会签订合作协议，推动慈善文化进企业。

（三）案例分析

通过上述案例我们发现，政府对社会领域的管控，特别是对慈善组织的管控，未必是以直接介入的方式实现的。诚如前文所述，传统的行政指令的方式相对低效，不适应社会的现实环境。而通过嵌入官办慈善组织，并由官办慈善组织再嵌入社会的方式，政府可以有效牵动慈善组织。在上述案例中，我们就看到了这样的一种运行机制（见图8-3）。

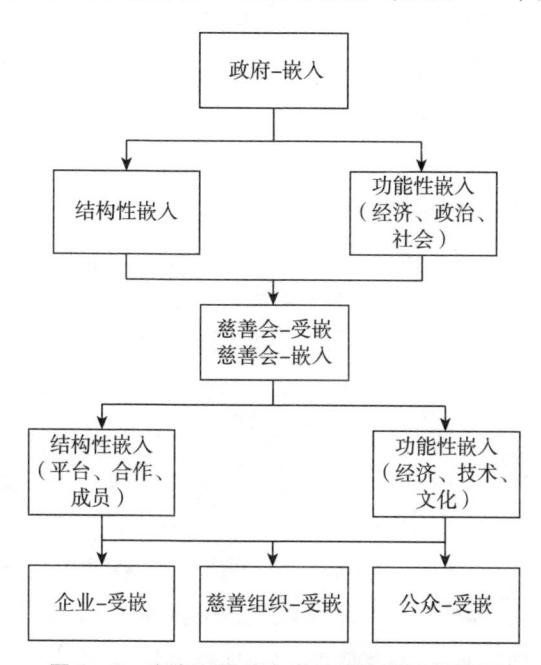

图8-3 宝安区慈善会嵌入性治理运作机制

首先，政府通过两个面向嵌入慈善会。这两个面向分别是结构性嵌入和功能性嵌入。其中，结构性嵌入重在构建社会关系网络，功能性嵌入重在向慈善会传导理念转移功能。通过两个面向的嵌入，政府成功地将慈善会纳入了自己的网络之中，并承担起了政府转移的社会治理职能。在这一情况下，慈善会将难以脱离政府的结构体系，成为游离在政府之外的独立力量。同时，站在慈善会的角度来看，这也有利于慈善会充分利用体制内资源，并增强了对社会资源的整合力。

其次，慈善会通过两个面向嵌入社会领域。这两个面向分别是结构性嵌入和功能性嵌入。其中，结构性嵌入重在构建社会关系网络，即通过搭建平台、契约合作、延揽人才等方式，建立起了一张"你中有我，我中有你"的关系网络；功能性嵌入则在履行慈善会的职能的同时，也向社会注入了资金、技术和文化。资金注入是以慈善会的慈善救助、组织发展助力等方式实现的，技术注入是以慈善会帮助慈善组织提升能力实现的，文化注入是以慈善会开展大量的文化传播活动实现的。

通过这种方式，慈善会整合了大量的社会力量，而自己正是这一社会力量的中心。由此，政府可以通过牵动慈善会的方式，带动这些社会力量，从而实现社会治理工作。

那么，宝安区慈善会嵌入社会治理的效果如何呢？我们认为，这可以从如下四个方面来认识。

第一，政府的嵌入为慈善会带来政治上的合法性。党的十六大以来，慈善公益类和社区服务类领域的慈善组织逐步受到政府重视，在政府的推动下，它们在社会治理中发挥了重要作用。但是，政府在提升对慈善组织的重视程度，扩大慈善组织在经济和社会管理领域内所发挥作用的同时，也希望这些慈善组织在政府可控的范围之内。而通过对慈善组织的结构性嵌入和功能性嵌入，政府正可以将慈善组织纳入自己的体系之中，从而让慈善组织获得政府的认可，实现政治上的合法性。

第二，政府的嵌入有助于实现提升组织的合理性，即提升效率。这一点表现在以下两个方面。

（1）让慈善会的创立和早期发展更为顺畅，让慈善会渡过早期最为困难的时期。类似于慈善会这样的慈善组织在创立初期容易遇到两大难题：资金的难题和管理的难题。政府系统为慈善会提供创始资金、运行资金并帮助其募集资金，这让其安然解决第一个难题；而政府系统为慈善会提供人力资源（尤其是组织核心骨干）以及提供督导（监事会），这也有助于其解决管理的难题。

（2）政府系统的嵌入让慈善会进行社会救助的过程更为高效。从慈善会实施救助的情况来看，这种高效一方面表现在政府系统帮助慈善会对救助对象进行甄别，如在确定困难户籍人口进行救助时需要街道办对其进行权威认定；另一方面表现在一些项目的推行过程中有政府的组织支持，如在推动慈善文化进校园项目上，通过同宝安区教育局合作，慈善文化进校园项目由一项慈善会的工作内容变成政府的工作内容，这样推动起来更容易；再如在实施扶贫的过程中，通过扶贫办来使用扶贫资金也有利于总体上提升扶贫资金的使用效率和公平性。

第三，政府的嵌入，以及慈善会向社会的嵌入也使得慈善会获得了社会的合法性认同。作为公益慈善类的慈善组织，慈善会在早期募集资金的过程中要想得到社会大众的信任必须有公众信任的组织或人员为其背书，而慈善会的官办背景在很大程度上使其得到社会大众（包括企业）的信任，这有助于慈善会的资金募集。

第四，宝安区慈善会向社会的嵌入，也使得社会力量可以通过慈善会这一渠道共同参与社会治理工作。这等于为社会力量提供了一个参与社会的门路。而这一思路的转换其实是最为契合中国社会现实需求的。所以，慈善会向社会的嵌入，也使得慈善会在社会领域获得了合法性认同。

四　结语

官办慈善组织改革真的要去体制化吗？慈善会用自己的行动给出了答案。官办慈善组织承担了远远超过民办慈善组织能力的重要职能，这就是以自身为中间点，向上承接政府的嵌入，向下嵌入社会领域。这样的职能不是普通的民办慈善组织可以完成的。

在近10年间，慈善会从原来只是注重与政府的嵌入，现在开始注重同社会的嵌入，尤其是嵌入慈善组织之中。慈善会正从原来从事传统的慈善救助工作转向既做慈善救助，同时也推动其他慈善组织的发展，包括帮助创建各类公益慈善类的慈善组织，提升这类慈善组织的项目策划和运营能力，为它们注入急需的资金等。慈善会凭借着自己的体制内优势、资金优势和管理优势，不仅在社会中提升自己的影响力和号召力，同时在慈善组织中的地位也在稳步提升。因此，政府系统通过嵌入慈善会，通过慈善会来带动其他社会力量共同参与社会治理，这一机制经过近10年的探索已经相对成熟了。我们认为，这一模式值得中国其他地区的官办慈善组织学习借鉴。

第九章　结论：慈善会应走向何方？

在前面各章中，我们看到深圳市宝安区慈善会的诸多改革尝试，包括募捐模式改革、内部治理机制完善、社会吸纳与合作、慈善文化传播、嵌入性社会治理改革等，这些改革都收到了不错的成效。

事实上，近年来各地有不少慈善会都在分头推进改革，各自突围。通过文献梳理，我们发现上海市慈善会、大连市慈善总会、深圳市慈善会等几家机构的改革颇有特色。这几家机构的改革可以分为三种不同的模式。

第一，直接转型成为基金会。对于慈善会而言，其最大的问题是难以被纳入具体的慈善组织种类中去。按照现有的慈善组织分类，即分为基金会、社会服务机构、社会团体，慈善会无法找到自己所属的门类。这就对慈善会的合法性形成了挑战。比如，慈善会是否应该按照慈善组织信息公开的方式开展活动、慈善会是否要适用《慈善法》关于募捐资格的相关规则，此类问题都是法律上的难题。

鉴于这种情况，有的慈善会尝试直接转型成为基金会。目前，成功使用了这种模式的机构是上海市慈善会。上海市慈善会也是全国最早推进改革的慈善会之一。2004年，上海市慈善会转型成为"基金会"，改名为"上海市慈善基金会"。目前，上海市慈善基金会运转情况良好，在上海市慈善界颇具影响力。

第二，剥离基金会业务。慈善会除了在法律定位上处于困境以外，还存在机构运营模式的障碍。传统的慈善会既承担了一部分基金会的工作，又承担了一部分慈善行业协会的工作。两种工作职能相互重叠，导致慈善会的市场定位处于困境。

鉴于这种情况，有的慈善会尝试剥离基金会的业务。目前，成功采用这种模式的是机构是大连市慈善总会。大连市慈善总会成立了大连市慈善基金会。大连市慈善基金会是民间团体，独立法人机构。与慈善总会两个牌子，两个法人，人员上有部分重叠。基金会设荣誉理事长、副理事长若干名，设理事长1人，驻会副理事长3人，理事总人数23人，另有咨询委员会委员、法律顾问委员会委员若干名、监事会主席、监事 5 人。秘书长 1 人，下设秘书处和募捐、救助、宣传、资产管理等内设委员会。

大连慈善基金会属公募基金会，注册资金为 1600 万元（为原扶贫资金会遗留资金）。开设的募捐项目主要有"慈爱月"募捐（含"市民一元捐""千家企业万元捐""职工一日收入捐"等）、固定项目协议认捐、企业慈善基金认捐等；开设的救助项目有济困、助学、助医、安老、助残、抚幼、农民工援助七大系列工程。

第三，业务拆分并独立。除了转型成为基金会或者剥离基金会业务以外，还有的机构尝试彻底分拆，即分拆出两个机构：一个基金会、一个行业协会。

尝试推进这方面改革的是深圳市慈善会。根据现在已经披露的材料来看，自 2012 年起，深圳市慈善会就开始尝试推动改革。深圳市慈善会准备拆分业务，即将业务拆分为两块：慈善会（行业联合会）和公募基金会。其中，慈善会是改革重点，其改革包括五个方面：第一，人事权改革。深圳市慈善会尝试推进人事权改革，即建立独立、高效的现代人事管理制度，改变民政局"管办一体"的多重角色，民政局局长不再担任市慈善会的常务副会长兼法人代表，不再拥有市慈善会的人事管理权。现有慈善会人员将分流至改革后慈善基金会以及民政局下属的其他事业单位。第二，财务权改革。慈善会的财务会计工作不纳入民政局财务中心的统一管理范围，不再由民政局审批具体财务事项。改革后的慈善会和慈善基金会分别作为独立的法人机构，严格执行民间非营利组织会计制度，实行全面预算管理，双方都要实现财务利益上与民政局的彻底脱钩。第三，资产清算。改革后，深圳市慈善会现有的冠名基金、定向捐赠款项将转入剥离后的慈善基金会，同时将涉及的有关合同、协议移交给慈善基金会。第四，办公场地改革。改革后，三方各自独立办公。改革后的慈善会用低价租赁协议的方式明确资产权归属后，仍留在现有办公场地。改革后的慈善基金会根据工作需要安排办公场地，办理合法的场地使用手续，签订场地使用协议。第五，职能改革。改革后，民政局仍然履行对全市慈善组织的登记管理职能，加强发挥对全市慈善事业的指导，推动制定并落实促进慈善事业发展的法规和政策。民政局原有的"扶贫济困、募集赈灾资金和举办慈善活动"等职能将通过政府购买服务的方式由改革后的深圳市慈善会和慈善基金会承担。

这三种改革模式的具体举措不同，但改革思路却是一致的，即推行慈善会对政府的行政依附，减少政府对慈善会的行政干预，并部分引入市场的力量。比如，大连市慈善总会的改革就是将基金会拆分了出去。由此，基金会的业务就基本独立，基本上不再受到行政力量的干预。同时，由于基金会是独立法人，其也就引入了市场力量，受市场规律的调节。

这三种改革模式各自的改革程度是不同的。其中，深圳市慈善会的改革最为彻底，全然去除行政干预；上海市慈善会的改革次之，部分借助市场力量；大连市慈善总会的改革较为保守，仅尝试在少数领域引入市场力量。

但是，值得注意的是，无论是哪一种模式，其都是在接纳市场力量，同时削弱了行政力量的干预。所以，在这些改革中，我们看到了两股力量的角逐，一方是行政力量，另一方则是市场力量。两股力量是此消彼长的关系。而且，在这些角逐中，占据上风的总是市场力量，而节节败退的却总是行政力量。

这也符合人们对慈善组织改革的惯常思维，即慈善会改革就是"去行政化"。我们且不论上述三种模式改革成功与否，我们这里需要对一个问题进行反思，即慈善会改革真的要"去行政化"吗？为什么行政力量与市场力量不能互为补充、相互促进呢？

实际上，行政力量与市场力量是可以互为补充、相互促进的。我们认为，一方面，在社会上有大量的资源是市场力量所无法调动的，而行政力量可以凭借自身独具的资源调动能力充分吸纳这些资源。比如，有的资源并不可能以金钱为对价，需要通过行政指令、动员的方式征集。而另一方面，行政力量自身又天然具有活力不足的问题，引入市场力量可以带来"新鲜血液"，增进慈善事业的活力。比如，由于行政力量干预过多，官办慈善组织经常存在创造性、积极性不足的问题。这就需要运用市场机制，提升官办慈善组织的活力和创造力。所以，行政力量和市场力量在功能上是互为补充的，在作用上是相互促进的。

不过，值得指出的是，行政力量与市场力量在性质上也存在一定的互斥性。一方面，如果行政力量过强，会压制市场力量的活力。比如，在市场上，经常存在行政垄断的情况，导致市场力量无法进入某一市场领域。另一方面，如果市场力量过强，则会危害行政力量的稳定性。比如，在某些特殊的社会治理领域，完全借助于市场机制来调节，可能诱发诸多伦理性、政治性困境。所以，要想使这两股力量相互协调、和谐共存，我们就需要设计一种合理的运作机制。那么，我们又该如何构建这一机制呢？

深圳市宝安区慈善会的改革是一次成功的探索。在前文中，我们提到宝安区慈善会开展了如下几个方面的改革。

第一，参与机制改革。慈善会通过两种吸纳的方式，构建了社会力量参与社会治理的机制。首先，慈善会对精英进行吸纳，包括对商会、企业和企业家等。这些群体都是社会中的经济、政治和社会精英，他们手中都掌握着大量资源。其次，慈善会对公众进行吸纳，包括街道和社区及其居民、慈善组织、学校、义工等。

通过这两种吸纳，慈善会成为政府与社会之间的一条重要的互动通道。因此，这种吸纳不是行政吸纳，而是一种社会吸纳，最终将吸纳对象（主要是精英群体）吸纳到体制中来，进入决策核心层。

慈善会通过吸纳将社会领域的各个主体都整合起来，就像慈善会理念里提到的"合力慈善"一样，慈善会与其他主体形成同盟，通过各种方式建立契约式的平等伙伴关系，共同致力于慈善事业，最终既实现了社会服务，又实现了政府对社会的"笼络"。

第二，市场机制改革。慈善会迎合市场机制，开展了深入的改革。首先，慈善会开展系统的内部制度改革，建立了一套相对完善的信息披露、人事管理、项目管理、财务管理的制度；其次，慈善会开展机构部门调整，增设了项目部、募捐部等市场化部门；再次，慈善会综合运用多种募捐模式，包括个人募捐、互联网募捐、企业募捐等，取得了良好的成效；最后，慈善会开展品牌建设工作，设计了慈善会独特的视觉识别系统，建立了品牌资产管理团队，以品牌化运作的方式开展市场营销活动。

第三，运作机制改革。慈善会完成了两个方面的运作机制的改革。

（1）慈善会拓展了自身运作领域，延伸到了慈善文化项目。而且，在这一慈善文化项目，慈善会并未局限于慈善文化活动开展，而是拓展到了慈善文化教育领域。

在这一项目中，慈善会抓住了如下三个要点：首先，推己及人。在慈善会的这个项目中，我们看到，它的基本思路是"营造学校、社会、家庭三位一体的慈善文化氛围"。诚如以上所述，这就是实现了学校、家庭、社会间的"推己及人"，使爱从孩子传递给家长，再由家长传递给其他人。其次，自愿接受。慈善会在运作该项目时，反复强调自愿参与原则。同时，其还给各小学以自由权，充分尊重各小学的意见，让它们根据自己的学生的特点，有的放矢地开展教育活动，这也是出于同样的考虑。再次，实践体验。慈善会重点提出了实践体验原则。同时，坪洲小学设计了校园实践岗位、校园慈善实践、社会慈善实践等实践渠道，翻身小学设立了文明礼仪督察岗、低碳指导员等实践岗位，并组织家长和孩子一起去福利院参观，组织学生表演等各类活动。这些工作的根本目的就是在实践中，让被培育者构建与社会公众之间爱的纽带。

所以，慈善会在慈善教育中运用了如下机制，即以情感培育为基本目标，以自愿接受为情感入口，以实践体验为情感出口，最终实现"推己及人"。

（2）慈善会改变了慈善救助活动的运作机制，构建起了一个三元体系。

首先，政府主导的慈善救助活动。宝安区慈善会的慈善救助活动是由慈善会主导的。慈善会的慈善救助活动表达的是政府对民众的关爱。向民众表达这种关爱，既是政府的必要义务，也是政府真实情感的表达。

其次，不断扩大的爱的表达。宝安区慈善会逐步放宽慈善救助标准的改革思路，在四个方面做了探索：扩大救助病种、提升救助金额、简化审批程序、增设救助门类。这些改革都表示政府不断向民众扩大爱的表达，包括扩大爱的范围、提升爱的程度、让民众更为便捷地获得爱、向爱他人的人反馈爱等等。

最后，吸纳社会力量参与慈善救助活动。宝安区慈善会组建了慈善志工队伍，还建立了一批专项基金。其中，慈善志工协助宝安区慈善会完成了一部分慈善救助行政工作，并丰富了慈善救助的内涵；冠名基金和专项基金的设置则发挥了补充性的作用，在慈善救助主体领域之外，又开拓了多个更为精准化的领域。这也都是吸纳社会力量参与慈善救助活动的明证。

综上所述，宝安区慈善会不仅拓展了慈善活动的领域，还创新了慈善项目的运作机制。从社会的反馈情况来看，这一改革是深入的、有效的。

第四，慈善体系构建。通过嵌入性社会治理，政府以慈善会为支点，牵动了各类社会力量。首先，政府通过两个面向嵌入慈善会。这两个面向分别是结构性嵌入和功能性嵌入。其中，结构性嵌入重在构建社会关系网络，功能性嵌入重在向慈善会传导理念转移功能。通过两个面向的嵌入，政府成功地将慈善会纳入了自己的网络之中，并承担起了政府转移的社会治理职能。其次，慈善会通过两个面向嵌入社会领域。这两个面向分别是结构性嵌入和功能性嵌入。其中，结构性嵌入重在构建社会关系网络，即通过搭建平台、契约合作、延揽人才等方式，建立起了一张"你中有我，我中有你"的关系网络；功能性嵌入则在履行慈善会的职能的同时，也向社会注入了资源、技术和文化。资源注入是以慈善会的慈善救助、组织发展助力等方式实现的，技术注入是以慈善会帮助慈善组织提升能力实现的，文化注入是以慈善会开展大量的文化传播活动实现的。通过这种方式，慈善会整合了大量的社会力量，而自己正是这一社会力量的中心。由此，政府可以通过牵动慈善会的方式，带动这些社会力量，从而实现社会治理工作。

通过这四个方面的改革，我们发现，宝安区慈善会成功地将行政力量与市场力量安置在同一机制下。具体而言有以下几点。

首先，参与机制改革确立了行政力量在慈善会中的领导权。参与机制的实质是确立政府对宝安区财富精英阶层在慈善事业中的领导地位。这集中表现为慈善会大量吸纳社会捐赠，特别是大型企业的捐赠。所以，虽然宝安区慈善会的资金主要来源于社会捐赠，但政府依旧稳稳地掌握了对慈善会，乃至对宝安区慈善事业的领导权。

其次，市场机制改革充分发挥了市场力量的活力。通过近10年的改革，宝安区慈善会完成了内部制度建设，专业性得到极大提升。同时，慈善会还打造了多个具有影响力的市场品牌，吸收了大量的资本。由此，宝安区慈善会的影响力获得明显提升，成为深圳市宝安区慈善市场中具有首要话语权的组织。在本地，没有一家慈善组织能与之竞争。相反，众多慈善组织纷纷选择与它合作，以取得更大的市场话语权。这充分说明了宝安区慈善会对市场力量运用之充分与巧妙。

再次，运作机制改革实现了两股力量的汇流。宝安区慈善会推进了慈善文化、慈善救助两大项目运作机制的改革。在这两项改革中，我们分别看到两股力量的汇流。在慈善文化项目下，"家"占据慈善文化的核心地位，这标志着行政力量不可动摇的领导地位；"公民责任"亦参与到慈善文化之中，统一在"家"的理念之下，这标志着市场力量在行政力量的领导下，参与慈善事业。在慈善救助项目下，宝安区慈善会建立了以政府的"爱"的表达为主体，社会力量参与协助的救助体系。这也是行政力量与市场力量汇集的一大表现。

最后，慈善体系为两股力量的汇集提供了外在保障。宝安区慈善会建立的慈善体系是严格吻合嵌入式监管模式的。这一体系在确保政府领导的前提下，联合多个部门，并吸纳社会资源加入，从而建立了一个宏观层面的资源网络。政府可以通过牵动这一资源网络，从而顺利引导慈善事业的走向。由此，宝安区慈善会便成功建立了行政力量与市场力量合作的外部保障机制。

综合上述分析，我们可以看到，在完成上述四项改革后，宝安区慈善会基本建立了一套"内外兼修"的行政力量与市场力量运作、融合与保障的机制（见图9–1）。其中，参与机制改革和市场机制改革的目的是确立两股力量各自的运作机制；运作机制改革注重机构内部，建立了一套内部的融合机制；慈善体系构建注重机构外部，建立了一套外部的保障机制。

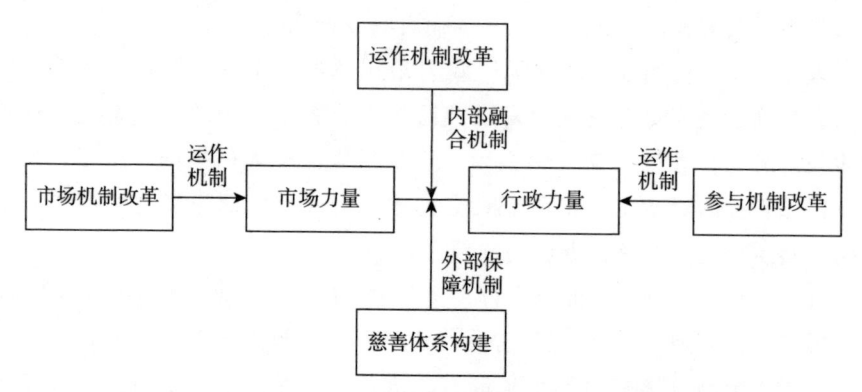

图9–1 "内外兼修"的行政力量与市场力量运作、融合与保障机制

此外，我们还可以看到，在这一机制中，还有四项元素发挥了突出的作用：首先，丰富的体制内资源为慈善会的发展提供了合法性依据和内在驱动力；其次，多元的社会资源为慈善会提供了发展动力；再次，专业的制度建设为慈善会的改革提供了外部保障；最后，深厚的文化积淀为慈善会的改革营造了和谐的外部环境。

对比全国各地慈善会的改革，我们认为，宝安区慈善会的这一改革尝试似乎更为符合中国的国情。中国的国情决定了真正有效的改革绝不应是以一股力量消灭另一股力量，或者由一股力量做大，而另一股力量销声匿迹。相反，真正有效的改革必须是在确保两股力量同时发展，共同前进的前提下，充分发展慈善事业，发挥慈善事业促进社会和谐，建设温暖的"家"的功能。

目前，既有的改革方案都不能实现这一目标。而之所以它们不能实现这一目标，是因为它们都是在依循既有的思路，追求理想化的目标的条件下提出来的。这样的改革方案其实并不利于实现社会的稳定，甚至会对中国政治与文化传统造成伤害。埃德蒙·伯克提出，英国之所以能取得成功，是因为"我们不是卢梭的皈依者，也非伏尔泰的使徒，爱尔修斯的观点没有对我们产生任何影响"①。这样的箴言同样值得中国的改革者谨记。

与这些改革方案相反，宝安区慈善会的改革方案并不是建立在理想化目标之上的。它的改革举措完全是脚踏实地的，是结合政治、文化传统与社会现实提出的。所以，这套方案看似温和，并无大刀阔斧的改革，实则暗含力道，生机勃勃。而且，事实证明，按照这一方案所推行的改革是相当成功的。

所以，我们认为，宝安区慈善会的这套改革方案值得在全国慈善界广泛推广。而其中的思想精华亦是中国慈善事业改革，乃至社会改革的瑰宝。

---

① 〔爱尔兰〕埃德蒙·伯克：《反思法国大革命》，张雅楠译，上海社会科学院出版社，2014，第101页。

附录　调研提纲与相关制度文件

附录一　调研提纲

一　"功能拓展中的社会吸纳"调研提纲

（一）基本信息

1. 慈善会与商会、企业、社会组织、街道、社区、学校合作的数量，最好能提供一份详细名单。
2. 关于合作的主要方式、内容、目的，如有管理办法之类的文件，请提供。
3. 是否有合同或协议书，如有，请提供。
4. 提供《宝安区慈善会定向捐赠管理暂行办法》《宝安区慈善会慈善公益项目管理暂行办法》等材料。

（二）功能拓展

1. 政府是否参与慈善会工作？是否有行政任务，如筹款额度、项目数量、救助人数等？
2. 慈善会中有政府背景的人员有多少，是哪些？
3. 当初为什么要成立慈善会？建立的过程是怎样的？2013年换届之后发生了什么变化？
4. 与区民政部门是什么关系？有业务指导部门吗？主要合作的政府部门有哪些？内容和方式如何？
5. 政府部门给了慈善会哪些支持？慈善会是如何配合政府部门的？
6. 独立性和自主性问题

6.1 我们了解到，现任慈善会会长是区委原副书记，还有很多政府背景的人是名誉会长，慈善会的工作要向区政府汇报，慈善会的办公场所在区政府内，慈善会的工作内容之中有些是区政府交办的一些任务，等等，这是否反映了慈善会的权利边界实际上是受政府控制的,并不存在独立性?

6.2 另一方面,慈善会的很多有益探索,比如项目对接、项目大赛、冠名基金、慈善晚宴拍卖、设立捐助箱、制作"慈善娃"等,都是独立运作、自我管理,有很大自主空间,是否说明慈善会的运作过程是自主的?

7. 材料显示,慈善会从事着很多方面的工作,如社会救助、文化、教育、农村建设,甚至一些政治活动等,慈善会的主要功能是什么?是不是政府功能的拓展?

8. 这些工作政府也能做,由慈善会来做有哪些优势?

(三) 社会吸纳政治

1. 为什么选择与商会、企业合作?

2. 商会和企业为什么愿意与慈善会合作,吸引他们的是什么,他们能获得什么?(物质回报、名誉回报、政治回报)

3. 慈善会与商会、企业合作的机制是什么?

4. 访谈中了解到某创新园董事长从社会管理口进入政协常委。请问:慈善会与其的主要合作项目有哪些?他成为政协委员的时间、原因和过程?类似情况还有吗?如有,请详细介绍。

5. 慈善会与街道和社区开展了哪些合作?为什么要与它们合作?是如何开展的,合作机制是什么?

6. 材料显示:慈善会开展了向社会公众募捐,比如设置募捐箱,还有微跑、正文、征集"慈善之语",以及捐助弱势群体。请问,我们为什么要开展这些活动?取得了什么效果?请分别谈谈。

(四) 福永家私协会

材料显示:2013 年 11 月成立了第二家冠名基金——福永家私协会关爱基金,为福永家私协会爱心企业家们提供了新的平台与渠道。冠名基金成立的第一天,就接到 20 万元的认捐善款。请问:福永家私协会捐赠了多少钱?捐赠的过程是怎样的?这部分捐赠算是一种投资吗?能获得什么回报?与慈善会还有其他合作吗?合作机制是什么?

(五) 汇聚创新园

访谈表明:您作为某创新园董事长,从社会管理口成功被选为政协常委。请问:这次能顺利进入政协常委与慈善会合作的关系大吗?与慈善会的主要合作有哪些?您合作的初衷是什么?对未来的合作有什么看法?

二 慈善文化调研提纲

(一) 背景信息

1. 我们现在共进入了多少小学或中学？其中民办的有多少？
2. 我们现在共覆盖到了多少小学生或中学生？其中民办的有多少？
3. 我们这几年来，各年投入这一项目中的经费分别是多少？
4. 我们这几年来，各年收到向这一项目的捐款分别是多少？
5. 我们负责运营这一项目的人员有多少？
6. 该项目是否获得了相关奖项，或其他成绩，如政府表彰、资助等？

(二) 项目缘起

1. 我们是否发起这一项目？为什么要发起这一项目？
2. 我们认为的慈善文化主要有哪几大块？
3. 在我们设计的慈善读本中，有大量有关传统文化的内容。为什么选择传统文化作为慈善文化的主体内容？我们对于传统文化是怎么认识的？为什么不以西方文化作为主体内容？
4. 在我们设计的慈善读本中，关于传统文化的内容，主要有两个方面：①立身做人的道理，特别是对待父母师长的感恩之心；②助人为乐的道理，也即对身边人、陌生人的帮助。为什么选择这两个方面作为慈善文化的主体内容？请分别谈谈。
5. 为什么选择青少年作为慈善文化的主要传播对象？为什么不是在大学、工厂、街头等地方传播？
6. 关于在青少年群体中传播慈善文化，我们做了什么样的前期调查、研究？能否提供相关材料？
7. 《慈善文化进校园方案》提出："推动青少年道德教育，促进青少年树立正确的人生观、价值观和道德观，营造学校、社会、家庭三位一体的慈善文化氛围。"请问：为什么要营造的是学校、社会、家庭三位一体的慈善文化氛围？我们如何能构建起这三位一体的结构？
8. 《慈善文化进校园方案》提出，我们的推进原则是：

（1）教育提升原则。让参与者在活动中感受爱、表达爱，提升爱的能力。

（2）自愿参与原则。参与者自愿参与各项活动，活动开展形式多样。

（3）实践体验原则。以活动为基本的组织形式，根据参与者的兴趣特点及心理情感，让参与者不知不觉地受到教育与启发。

（4）体现特色原则。让慈善文化有计划、有步骤地渗入学校的教学活动之中，在小学生心中播种善念，德育教育融入慈善文化、慈善文化提升德育教育。请问：①我们教育提升的目标是"爱"。什么是"爱"？为什么要提升"爱"？我希望提升哪些"爱"的内容？②如何能感受爱？如何能表达爱？③我们的项目是自愿参与的。为什么是自愿参与的？慈善文化不是善良的文化吗，为什么不大力推进，要大家都学习？④在学校层面，学校教育不是班级授课的吗，如何能实现自愿参与呢？⑤为什么以实践体验为原则？为什么要结合参与者的兴趣特点？为什么要结合参与者的心理情感？⑥我们在原则中提到的"有计划、有步骤"指的是什么？我们的计划和步骤是什么？

9.《慈善文化进校园方案》提出：区教育局在区内推选 1 所区级公办学校、1 所民办学校、6 个街道各推选一所公办小学，作为推进"慈善文化进校园"工程试点学校。请问：

（1）为什么要跟教育局合作？我们是如何联系上教育局的？

（2）教育局对这件事的态度是什么？他们给予了什么配合？

（3）我们如何选定学校的？是要做实地调研吗？

（4）我们是如何与街道联系上的？街道给予了什么配合吗？

（三）项目运行

1.《慈善文化进校园方案》提出四大融合，其中，慈善文化与传统文化相融合的内涵是"充分挖掘传统文化中的慈善内涵，培育学生良好的道德风尚和友爱互助精神，弘扬中华民族传统美德，让学生在慈善文化的氛围中对传统文化和国学的慈善精髓有更加深入的理解"。请问：

（1）我们是如何实现让学生在慈善文化的氛围中对传统文化和国学的慈善精髓有更加深入的理解的？我们采用的主要方式是什么？请举例说明。

（2）效果如何？请举例说明。

2. 慈善文化与主题活动相融合：各试点学校要充分利用好《我和慈善一起成长》小学生慈善读本，开展争当"慈善娃"活动以及其他形式多样的慈善主题活动，在活动中加深学生对慈善文化与慈善内涵的理解，形成互助互爱的良好氛围。请问：

（1）为什么选择慈善文化与主题活动相融合？我们设计了什么样的主

题活动？

（2）我们为什么设计《我和慈善一起成长》小学生慈善读本？我们是如何成功设计出这一读本的？这一读本蕴含了什么样的价值主张？我们是如何有效使用这一读本的？

（3）我们为什么要设计"慈善娃"这一形象？这一形象代表了什么？我们是如何设计出这一形象的？我们是如何在文化宣传中使用这一形象的？

（4）还有什么样的主题活动？

（5）在这些活动中，我们是如何加深学生对慈善文化与慈善内涵的理解的？其中的运作机制是什么？是以情动人，以理服人，还是其他？请举例说明。

（6）在这些活动中，我们是如何形成互助互爱的良好氛围的？其中的运作机制是什么？请举例说明。

（7）这些活动的效果如何？请举例说明。

3. 慈善文化与家庭教育相融合：各试点学校通过家长会、家访、亲子活动等形式向家长们传播慈善理念，倡导孝道、爱心、互助，通过大手拉小手，把慈善文化向家庭延伸。请问：

（1）为什么要将慈善文化与家庭教育相融合？

（2）为什么要向家长传播慈善理念？我们希望收到什么效果？

（3）我们是如何通过家长会、家访、亲子活动等形式传播慈善理念的？请举例说明。

（4）这些活动的效果如何？请举例说明。

4. 慈善文化与课外实践活动相融合：各试点学校要宣传诚信友爱、互帮互助的公益理念；大力宣传中华民族乐善好施、扶危济困的传统美德。可通过参观敬老院、儿童福利院等福利机构，参加公益活动、志愿服务，引导和教育学生心怀感恩、关心他人，倡导学生积极参加社区公益活动，帮助邻里，学会融入社区。请问：

（1）为什么要将慈善文化与课外实践活动相融合？

（2）在推行公益活动、志愿服务方面，是否有好的案例？

（3）在推行社区公益活动、帮助邻里方面，是否有好的案例？

5. 我们是如何就慈善文化的项目向资助方募捐的？他们愿意捐赠这样的项目吗？为什么？

6. 在与学校的合作中，我们为学校做什么？学校承担什么工作？

7. 材料显示，区慈善会负责提供"慈善文化进校园"工程试点学校牌匾、"慈善娃"爱心玩具及《我和慈善一起成长》慈善读本。请问：

（1）玩具和读本是按什么标准确定数量的？

（2）除此以外，是否还提供资金支持？

8. 我们内部有一个什么样的管理机制？

9. 我们和学校之间是否有一个固定的合作机制？如果有，是什么？

10. 材料显示，各试点学校认真组织开展"慈善文化进校园"工程各项活动，将慈善文化与学校德育教育相融合，将慈善教育与课外活动相融合，培育学生的爱心、互助和奉献意识。各试点学校将活动开展情况形成书面报告，交区教育局；每半年召开一次交流分享会，各试点学校分享交流教育活动开展情况，分享成功经验；每年召开一次总结座谈会，各试点学校总结汇报全年活动开展情况，交流教育心得，分享成功经验。请问：

（1）每半年召开一次交流分享会，指的是什么？

（2）我们现在召开过几次分享会活动？分享的效果如何？请举例说明。

（3）每年召开一次总结座谈会，指的是什么？

（4）我们现在召开过几次总结座谈会？其效果如何？请举例说明。

11. 我们对项目效果有什么样的评价机制？

（四）未来发展

1. 我们下一步准备怎么做？有什么打算？

2. 为这一目标，我们做了哪些准备工作？

3. 您预期这一项目未来的效果如何？

三　西乡小学调研提纲

1. 为什么学校愿意承担额外的工作，开展慈善文化传播？
2. 为了开展慈善文化传播，学校做了什么准备工作？
3. 除慈善文化宣传以外，我们之前是否还开展了其他与中国文化有关的教育内容？与慈善文化教育相比，这些活动的效果如何？为什么？
4. 材料显示，"慈善文化与国学精髓相结合"的内涵是：在西乡小学作为国学实验示范校的基础上，充分挖掘传统文化中的慈善理念，组织相关活动，有机地将国学慈善的理念与培育学生良好道德风尚和友爱互助精神相结合，必将为倡导优秀传统文化、进一步普及慈善理念、加强慈善文化建设，使中华民族传统美德得到更好的传承，切实把慈善文化教育纳入未成年人思想教育和青少年素质培养道德建设的范畴，大力倡导全民慈善理念，使慈善行为成为更多社会成员的自觉行动，为发扬宽容大气、自强不息的学校精神，促进慈善事业发展、共建和谐社会发挥积极作用，达到"以文化人"的目的。请问：

（1）为什么我们要将传统文化作为慈善文化的主要理念？其意义在哪里？

（2）为了推进传统文化对孩子的教育，我们做了哪些工作？效果如何？请举例说明。

5. 在慈善文化与主题活动相结合中，重要的一项是在"彩虹花好习惯争章"活动中要充分发挥慈善文化的育人功能。在活动内容中增加慈善理念、慈善行为、典型人物和事迹等内容，运用"争章"评价体系促进学生慈善意识的形成。在"争章"活动中，接受慈善文化的熏陶，将慈善理念、促进人际和谐作为一种习惯进行培养。从养成好习惯入手逐步完善自身，让学生在掌握课本知识的同时，弥补自身道德认知的缺陷，纠正平时行为中的错位，使自己健康成长，也使学生深刻意识到，慈善事业是一种建立在人格平等基础上的互助互爱的事业。通过典型感召、人人践行，由己及人，从而达到"以善促善"的目标。

另外，还要积极开展全校性的丰富多彩的慈善主题活动，如办黑板报、墙报、手抄报、作文、演讲等专题活动，并通过校园广播广泛地宣传慈善文化，营造慈善文化氛围。每学期至少举行一次慈善专题讲座或主题活动，以理性和感性相结合的寓教于乐、寓善于行等多种方式，向全校师生家长普及慈善知识，理解慈善事业的深刻内涵，增强参与慈善活动的积极性和主动性。请问：

（1）能否请你详细介绍一下"彩虹花好习惯争章"活动？慈善文化是如何与这一活动结合的？

（2）这一活动的效果如何？请举例说明。

（3）能否介绍一下全校性的丰富多彩的慈善主题活动还有哪些？请举例说明。

6. 慈善文化与班级建设相结合：慈善文化有各个方面的育人功能，在班会课上学习慈善文化，营造以慈善文化为主的班级文化，也是实现育人功能的重要途径。组织学生通过学习慈善文化，会让学生明白，平时应该做什么，不应该做什么，以开展各种形式的班会活动传播慈善文化。请问：

（1）什么是慈善文化与班级建设结合？

（2）如何实现这一结合？我们开展了什么活动？

（3）效果如何？请举例说明。

7. 慈善文化与家庭教育相结合：学校在家长会、家访、亲子阅读等活动中向学生宣传慈善文化理念，以提高家长的慈善意识，熏陶自己的孩子，把慈善文化向家庭、社会延伸。搭建以"善"为轴心的舞台，分享慈善故事，探讨慈善热点话题、建言献策，还可以投身慈善活动。请问：

（1）为什么学校要将慈善文化与家庭教育结合？

（2）为什么学校愿意与家长互动，搞慈善文化传播？学校为与家长互动，做了哪些准备工作？

（3）我们是如何与家长互动的？请举例说明。

（4）我们慈善文化与家庭教育结合的重要着力点是什么？要传播的主要价值是什么？为什么？

（5）除了这一点以外，我们还讲授了哪些内容？

（6）我们的慈善文化教育，是否真正实现了孩子对家长的孝顺或感恩？是否重建了"家庭"观念？为什么？

（7）请举例说明孩子在慈善教育后的变化情况。

（8）对这些活动，家长的态度如何？

8. 慈善文化与课外实践活动相融合：学校要在宣传诚信友爱、互帮互助的公益理念中，提升全校师生的慈善意识；要在大力宣传中华民族乐善好施、扶危济困的传统美德的基础之上，引导全校师生积极关心、主动参与慈善事业。学校义工队已正式加入西乡义工联，下一阶段需要广泛发动、积极宣传，让更多的老师和家长加入这个组织中来。还要成立学生义工队。学校通过多种形式的社会公益、志愿服务、爱心帮扶实践活动，引导和教育学生关心他人、关爱社会，学会知恩、感恩，懂得报恩，施恩，培养学生爱的情感和品质。请问：

（1）为什么学校要将慈善文化与课外实践结合？

（2）学校义工队已正式加入西乡义工联。义工队指的是什么？学生义工队成立了吗？

（3）学校开展了哪些活动，引导学生参与社会服务？

（4）这些活动效果如何？请举例说明。

（5）对这些活动，家长的态度如何？

（6）对这些活动，社会的反响如何？

9. 我们是如何落实自愿公平原则的？

10. 我们是如何落实实践体验原则的？

11. 我们对活动效果有评价机制吗？

12. 我们与慈善会之间的合作机制是怎么样的？合作是否顺畅？

四 坪洲小学调研提纲

1. 为什么学校愿意承担额外的工作，开展慈善文化传播？

2. 为了开展慈善文化传播，学校做了什么准备工作？

3. 除慈善文化宣传以外，我们之前是否还开展了其他与中国文化有关的教育活动？与慈善文化教育相比，这些活动的效果如何？为什么？

4. 什么是家庭社区活动？

5. 什么是"我当校长小助理"活动？

6. 我们是如何实现"把慈善教育与道德教育、公民教育以及传统文化教育有机结合起来，培养学生的慈善情怀"的？在我看来，公民教育以及传统文化教育是两个不同的方向，两者如何结合？

7. 材料显示，12月3日是国际残疾人日，张云鹰校长带领学校部分党员代表和行政干部来到宝安区社会福利中心看望慰问儿童老人，个人带头捐献了3000元，并赠送了由坪洲小学"雏鹰"美术社的孩子们制作的精美作品。请问，"雏鹰"美术社的孩子们制作的精美作品指的是什么？

8. "日行七善，天天向善"包括颜善、言善、心善、眼善、身善、食善、物善。请问：

（1）为什么选择这七善？

（2）在"心善"中，有"懂得称呼长辈，懂得爱护弱小；每逢吃饭入座必须让长辈先入座，主动为长辈添饭；到家必须先向家长报平安，每逢出门必须要告诉家里的长辈，并说再见；外出玩耍、办事必须告知地点、时间和同伴，迟归时必须及时告知原因"。为什么设计这一内容？

（3）在"眼善"中，有"以善意友好的眼光去看别人；拾金不昧，扶老奶奶过马路，在车上要让座，见到别人有需要，能给予力所能及的帮助等"。为什么设计这一内容？

（4）在"食善"中，有"不偏食，不挑食，不攀比，不剩饭菜，不浪费水"，在"物善"中，有"保持家园校园环境整洁；取用物品归还原处；爱护公物，不在课桌椅、墙壁等处乱涂乱画；不伤害树木，不践踏草坪，不随地吐痰，不乱扔垃圾，见到垃圾纸屑能主动捡拾；节约水电，能主动关闭滴水龙头；文明如厕，保持厕所、洗手台地面等干燥清洁；物品循环利用，珍惜使用"，为什么设计这一内容？

9. 材料显示，我们开展校级的宣传交流活动。内容包括：

（1）每月最后一个周一的周会课为慈善读本学习时间，学校统一部署，各班在班主任带领下进行学习。

（2）每周四红领巾广播时间进行校级慈善读本学习感悟交流。

（3）每周发一条慈善短信，布置爱心作业。

（4）专题讲座学习提升，先后聘请刘国玲秘书长、张云鹰校长、深圳大学石海平教授为教师、家长大会宣讲"倡导爱心责任，推动慈善长青"。

请问：

第一，为什么采用的是班主任带领下学习读本的形式？效果如何？

第二，红领巾广播的感悟是从哪里来的？

第三，爱心作业指的是什么？为什么要有爱心作业？

10. 班级主题活动的内容包括：

（1）每周二、四下午2：00～2：25为班级"与爱同行"学生自主阅读、学习交流时间。

（2）每班确立自己班的教育活动，将其与特色班建设有机结合。开展了"我的中国梦""我心目中的宝安"读书征文、主题班会、故事会、演讲比赛等丰富多彩的活动。

（3）每周召开一次主题班会，有视频、有课件，让学生学会感恩。

请问：

第一，如何开展自主阅读、学习交流？是不是就是上自习？

第二，"我的中国梦""我心目中的宝安"读书征文、主题班会、故事会、演讲比赛具体指的是什么？请举例说明。

第三，如何让学生学会感恩？感恩的具体内容指的是什么？

11. 家庭中的"亲子诵读"活动内容包括：

每月安排慈善读本亲子诵读活动，家长与孩子共同学习、交流。

每逢节假日完成特殊德育作业，以慈善读本学习感悟为主要内容，让学生写感想、谈体会，进行实践反思。144名家长报名参加了义工队，43名家长风雨无阻为学生安全保驾护航，周伟英、沈文英、杨丽娟等家长积极参与学校开放式配方课程，义务成立了绘画班、化妆班、编织班、跆拳道班、小义务警队，免费为学生做培训。在家长会上，孩子们给爸爸妈妈写的感谢信让家长流下了幸福的泪水。

每逢节假日，坪洲小学"亲子城堡"帮家长精心准备亲子同乐学习菜单，如"10月1日主旋律，爱国主义教育，在电视电影中感受国庆氛围；

10月2~4日必修课，生存知识教育，跟妈妈学会一样家务活，向家人宣讲《安全知识读本》，或者走出家门探索自然生物的神奇密码；10月5~6日活动课，亲近大自然，领略大自然的美丽风光；10月7日收心课，和孩子共读一本书，让孩子自己整理好几天的作业以及上学要用的其他物品，培养孩子的自理能力和自我约束力。"每个节假日的爱心作业、情趣作业、健身作业、艺术作业等深受家长和孩子们喜爱。

亲子城堡活动系列还包括家校开放日、家庭读书节、亲子游戏日、休闲考察采风等活动的设计指导及实施。例如"我爱我家"亲子趣味运动比赛，吸引了家长、孩子齐心协力演绎家庭中的亲情；"小小理财家"家委会活动则将枯燥的数学计算融入社会，将活动中产生的经费、餐费、活动费等一一规划，使孩子从小学会理财，掌握勤俭节约、合理消费的本领；"亲子城堡德育小报"则提供了家校间沟通与分享的时空，敞开心扉、互相激励，《亲子城堡——给家长的100个建议》校本教材将"愿景"化为共同学习、共同成长的目标和行动。请问：

（1）为什么要与家长互动？

（2）什么是亲子诵读活动？为什么安排亲子诵读活动？

（3）为什么有特殊德育作业？

（4）亲子城堡活动是因为慈善文化开设的吗？还是原来就有，但慈善文化活动启动后，加入了新的元素？是哪些元素？

（5）家长对这些活动反响如何？

（6）家长群体产生了什么变化？

（7）学生群体产生了什么变化？

12. 个人的"实践体验"活动内容包括：学校为学生提供实践岗位，让学生在参与每一次实践活动中深刻体会读本中蕴含的教育意义。比如学生们认领了校内"校长小助理志愿岗"，包括礼仪长廊、开放书吧、仪容示范、校园十景、两操卫生都由各班学生负责日常管理。在一次次岗位实践中，让学生懂得了奉献、关爱、负责。"我为妈妈做靓装""最美妈妈我装扮""跳蚤市场爱心义卖""我当校长小助理"走进社区、走进西乡客运站、三（1）中队走进污水处理厂、二（5）中队走进福利院慰问演出、三（6）中队走进福永凤凰山、三（5）中队为转走的学生开欢送会等实践活动。请问：

（1）为什么要搞个人实践活动？

（2）"我为妈妈做靓装""最美妈妈我装扮"指的是什么？

（3）"跳蚤市场爱心义卖"指的是什么？

（4）上述社区、客运站、福利院等又是做什么活动？请具体谈谈。

13. 我们对学生参与慈善活动，坚持了多元评价，即自我评价、伙伴评价、班级评价、家长评价有机融合。请具体谈谈这一评价机制？

14. 材料显示，"日行七善，天天向善"每周发一条短信，让家长领着孩子一起做。每次家长培训，都洋溢着浓浓的亲情，祝福卡片、手语演唱《感恩的心》等环节让家长纷纷感慨："看到孩子写给我的信，我觉得他真的懂事了，长大了，谢谢老师。"请问：

（1）每周发一条短信指的是什么？都有什么内容？

（2）家长培训指的是什么？都有什么内容？

15. "沟通，从心开始""陪伴孩子，共同成长""做孩子的贵人"，每个班级都有各自的特色主题家长课程。各个班级制作的校园生活精彩回放，让家长们走进孩子们的成长记忆；"爱心故事""每日一诵""每周一歌"等经典视频，更是让家长们看到了孩子的祝福与感恩。请问：

（1）什么是特色主题家长课程？

（2）我们为什么要让家长们看到孩子的祝福与感恩？我们又是如何做到这一点的？

16. 材料显示，四（2）班家长沈文英带着孩子利用节假日做义工300多小时，周伟英女士带着丈夫、儿子、女儿一起做志愿服务，王子豪家长经常带着义工队进福利院送温暖，学校表彰了190名以身作则做示范的优秀家长。

请问：我们现在已经影响到家长，让他们变成慈善达人了吗？

17. 材料显示，一年来，师生爱心捐献各类善款9万多元。请问：为什么募捐这些钱？主要捐款人是谁？

附录二 相关制度文件

一 深圳市宝安区慈善会章程

第一章 总 则

第一条 本会的名称：深圳市宝安区慈善会（英文名：SHENZHEN BAOAN CHARITY FEDERATION，缩写：SBCF）。

第二条 本会的性质：由社会各界热心于慈善事业的团体和人士自愿组成，发动和接受国内外组织及个人自愿向慈善事业捐赠或资助财产，并进行管理和运用的具有法人资格的公益性、非营利的社会组织，其合法权益受法律保护。

第三条 本会的宗旨：接受中国共产党领导，遵守宪法、法律、法规和国家政策，遵守社会道德风尚，发扬人道主义精神，弘扬中华民族扶贫济困的传统美德，开展安老、扶幼、助学、助医、助残、济困、救灾等慈善救助工作，促进宝安公益事业发展与和谐社会建设。

第四条 本会依法登记成立，并接受深圳市宝安区民政局的业务指导和监督管理。

第五条 本会的地址：深圳市宝安区创业一路区委区政府办公大楼。

第二章 业务范围

第六条 本会的业务范围：
（一）筹集慈善资金；
（二）组织各类慈善活动；
（三）协助政府、民间发展各项慈善事业；
（四）兴办各种慈善服务机构；
（五）开展国内外慈善交流活动，按照捐赠者的意愿进行慈善资助项目；
（六）其他与公益慈善有关的业务。

第三章 会 员

第七条 本会的会员种类是单位会员和个人会员。

第八条 申请加入本会的会员，必须具备下列条件：

（一）热心于慈善事业；

（二）有加入本会的意愿；

（三）自觉遵守本会的章程。

第九条 会员入会的程序是：

（一）提交入会申请书；

（二）经理事会讨论批准；

（三）颁发会员证。

第十条 会员享有下列权利：

（一）本会的选举权、被选举权和表决权；

（二）参加本会的各项活动；

（三）获得本会服务的优先权；

（四）入会自愿、退会自由。

第十一条 会员履行下列义务：

（一）遵守本会章程，执行本会的决议；

（二）维护本会合法权益；

（三）完成本会交办的工作；

（四）按规定、按期缴纳会费；

（五）向本会反映情况，提供有关资料。

第十二条 会员退会应书面通知本会，并交回会员证。会员无正当理由连续两年不参加本会任何活动的，视为自动退会。

第十三条 会员如有严重违反本章程的行为，或拒不履行会员义务的，经理事会或常务理事会表决通过予以除名。

第四章 组织机构和负责人产生、罢免

第十四条 本会的最高权力机构是会员大会，会员大会的职权是：

（一）制定和修改章程；

（二）组织选举和罢免理事；

（三）审议理事会的工作报告和财务报告；

（四）决定终止事宜；

（五）决定其他重大事宜。

第十五条 会员大会须有三分之二以上的会员出席方能召开，其决议

须经到会会员半数以上表决通过方能生效。

第十六条 会员大会每届任期五年。因特殊情况需提前或延期换届的，须由理事会表决通过，报深圳市宝安区民政局批准同意。但延期换届最长不超过一年。

第十七条 理事会是会员大会的执行机构，在会员大会闭会期间，理事会代行其职责。

第十八条 理事会的职权是：

（一）执行会员大会的决议；

（二）选举和罢免会长、常务副会长、副会长、秘书长；

（三）筹备召开会员大会；

（四）向会员大会报告工作和财务状况；

（五）决定会员的吸收和除名；

（六）决定设立办事机构、分支机构、代表机构和实体机构；

（七）决定副秘书长、各机构主要负责人的聘任；

（八）领导本会各机构开展工作；

（九）制定内部管理制度；

（十）决定会员大会授权的其他重大事项。

第十九条 理事会须有三分之二以上理事出席方能召开，其决议须经到会理事三分之二以上表决通过方能生效。

第二十条 理事会每年召开一次会议；在特殊情况下，也可采取通信或书面形式召开。

第二十一条 本会设立常务理事会。常务理事会由理事会选举产生且人数不超过理事会人数的三分之一，在理事会闭会期间行使第十八条第（一）、（三）、（五）、（六）、（七）、（八）、（九）项的职权，对理事会负责。

常务理事会决定聘请荣誉会长、名誉会长、名誉副会长。

第二十二条 常务理事会须有三分之二以上常务理事出席方能召开，其决议须经到会常务理事三分之二以上表决通过方能生效。

第二十三条 常务理事会至少每半年召开一次会议；在特殊情况下也可采用通信或书面形式召开。

第二十四条 常务理事会闭会期间，重要工作由会长办公会研究决定。会长办公会由会长、常务副会长、副会长、秘书长组成。会议由会长或会长委托常务副会长主持。会议应充分发扬民主，广泛听取意见，依法科学决策。会议实行会长负责制。会长办公会的职权是：

（一）贯彻执行常务理事会决议；

（二）制定本会工作制度，组织实施年度工作计划；

（三）决定副秘书长以及各办事机构、代表机构、实体机构主要负责人的任免事宜；

（四）研究日常工作中需要集体决定的事项。

第二十五条 本会设监事会，由会员大会选举产生，人数不超过常务理事会人数的三分之一且为单数。会长、常务副会长、副会长、秘书长、常务理事、理事及财务负责人不得兼任监事。监事会任期与会员大会任期相应。

第二十六条 监事会行使以下职权：

（一）检查本会财务；

（二）对会长、常务副会长、副会长、秘书长、常务理事执行本会职务行为进行监督，当其行为有损害本会利益时，提出并予以纠正；

（三）提议召开临时会员大会；

（四）列席会员大会、常务理事会和理事会。

第二十七条 本会设荣誉会长、名誉会长、名誉副会长若干名，实行聘任制。每届任期五年，会员大会提前或延期举行，任期相应改变，可连聘、连任。

聘请在本会业务领域有较大影响的人士担任荣誉会长、名誉会长、名誉副会长。

第二十八条 本会会长、常务副会长、副会长、秘书长必须具备下列条件：

（一）拥护中国共产党的路线、方针、政策，政治素质好；

（二）拥有政治权利；

（三）具有完全民事行为能力；

（四）在本会业务领域内有较大影响；

（五）身体健康，能坚持正常工作。

本会监事的任职条件除第（四）项外参照上述规定。

第二十九条 由现任公职人员、离退休公职人员作为本会会长、常务副会长、副会长、秘书长的候选人，需经区政府推荐。

第三十条 本会会长、常务副会长、副会长、秘书长任期最长不超过两届，因特殊情况需延长任期的，须经会员大会三分之二以上会员表决通过，报深圳市宝安区民政局批准后方可继续任职。

第三十一条　本会由办公室主任兼任本团体法定代表人。

本会法定代表人不得兼任其他团体的法定代表人。

第三十二条　本会会长行使下列职权：

（一）召集和主持常务理事会和理事会；

（二）签署重要文件，出席重大活动；

（三）检查会员大会、理事会、常务理事会决议的落实情况；

（四）协调各分支机构、代表机构、实体机构开展工作。

第三十三条　本会常务副会长、副会长协助会长工作，完成会长交办的各项工作；常务副会长受会长委托，行使会长职权。

第三十四条　本会秘书长行使下列职权：

（一）协助会长、常务副会长、副会长开展工作；

（二）主持办公室开展日常工作，组织实施年度工作计划；

（三）处理其他日常事务。

第三十五条　本会设办公室，配备专职工作人员，负责慈善会日常工作。

第五章　资金管理、使用原则

第三十六条　本会的资金包括慈善资金、慈善会办公室工作经费、会员活动经费三个部分。在资金使用上实行封闭管理、分类管理、分级审批的原则。

第三十七条　慈善资金来源：

（一）社会各界的捐赠；

（二）政府资助；

（三）利息。

第三十八条　慈善资金管理原则：

（一）制定《深圳市宝安区慈善会资金管理办法》，建立严格的资金筹集、管理、使用制度，实行民主管理；

（二）建立慈善资金专账，建立健全各项财务管理制度；

（三）定期向社会公布资金使用情况，接受有关部门和社会监督。

第三十九条　慈善资金使用原则：

（一）根据捐赠人的捐赠意愿以及约定的期限、方式，合法使用捐赠财产，用于资助有特殊困难的人群；

（二）按照本会的章程用于各项慈善活动和慈善事业；

（三）符合本会章程的其他开支。

第四十条　慈善会办公室工作经费来源：由区财政全额核拨。

第四十一条　慈善会办公室工作经费的使用原则：严格执行中华人民共和国《事业单位会计准则》和《事业单位会计规定》。

第四十二条　会员活动经费来源：

（一）可按5%的比例从上一年度不定向募捐资金总额中提取；

（二）会员缴纳的会费；

（三）专项活动赞助费；

（四）政府资助；

（五）利息。

第四十三条　会员活动经费的使用原则：必须用于会员活动，不得在会员中分配。

第四十四条　本会可按照国家的有关规定收取会员会费。

第四十五条　本会建立严格的财务管理制度，保障会计资料合法、真实、准确、完整。

第四十六条　本会配备具有专业资格的会计人员。会计不得兼任出纳。会计人员必须进行会计核算，实行会计监督。会计人员调动工作或离职时，必须与接管人员办清交接手续。

第四十七条　本会的资产管理必须执行国家的财务管理制度，接受会员大会和财政部门的监督。

（一）本会的慈善资金和会员活动经费每年必须接受第三方的审计，并将有关情况以适当方式向社会公布。

（二）慈善会办公室工作经费必须接受审计机关的审计。

第四十八条　本会换届或更换法人之前必须接受民政局组织的财务审计。

第四十九条　本会的资产，任何单位、个人不得侵占、私分和挪用。

第六章　捐赠管理

第五十条　本会每年召开会员大会，将慈善资金的收支情况向会员通报。

第五十一条　本会按照《档案法》的规定建立保管捐赠档案。

第七章　章程的修改程序

第五十二条　对本会章程的修改，须经理事会表决后报会员大会审议。

第五十三条　经修改的章程，须在会员大会表决通过后 15 日内，报深圳市宝安区民政局核准后生效。

第八章　法律责任、终止程序及终止后的财产处理

第五十四条　聘请有执业资格的律师担任本会法律顾问。

第五十五条　法律顾问的职责：

（一）提供法律服务，规避法律风险；

（二）处理涉及法律的有关文件；

（三）本会所涉及法律纠纷的处理及调解；

（四）审核、参与、办理交办的法律事务。

第五十六条　本会完成宗旨或自行解散或由于分立、合并等原因需要注销的，由理事会或常务理事会提出终止动议。

第五十七条　本会终止动议须经会员大会表决通过，并报深圳市宝安区民政局审查同意。

第五十八条　本会终止前，须在深圳市宝安区民政局及有关部门指导下成立清算组织，清理债权债务，处理善后事宜。清算期间，不得开展清算以外的活动。

第五十九条　本会经深圳市宝安区民政局办理注销登记手续后即为终止。

第六十条　本会终止后的剩余财产，在深圳市宝安区民政局的监督下，按照国家有关规定，用于发展与本会宗旨相关的事业。

第九章　附　则

第六十一条　本章程经 2015 年 1 月 14 日宝安区慈善会第二届理事会第三次会议暨 2014 年度会员大会表决通过。

第六十二条　本章程的解释权属本会理事会。

第六十三条　本章程自深圳市宝安区民政局核准之日起生效。

二 深圳市宝安区慈善会财务管理制度

为加强深圳市宝安区慈善会的财务管理，保障慈善资金的使用安全和效益，促进慈善事业的健康发展，根据国家法律、法规和《事业单位财务规则》、《事业单位会计制度》的有关规定，结合本会章程和实际情况，制定本制度。

一 一般原则

（一）分类管理的原则。慈善资金、正常办公经费、会员活动经费三项资金平行使用，分级审批。

（二）封闭管理的原则。慈善资金及其利息除章程另有规定外，只能用于慈善事业，专款专用，不得挪作他用。

（三）专项核算的原则。按照国家统一的会计核算制度设置会计科目、复式记账、根据审核无误的会计凭证登记账簿、编制财务会计报表，会计实行电算化管理。

（四）公开透明的原则。慈善会秘书处每季度将捐赠款（物）情况向会长及常务理事会汇报。财务账目应接受财政、审计部门和业务主管单位的检查、审计和监督，并定期向社会公布捐赠款（物）的使用情况，接受社会的监督。

二 资金收入

（一）慈善资金的收入

1. 社会各界捐赠的款（物）收入；
2. 政府资助；
3. 慈善资金产生的利息收入。

本会在慈善资金内部设立基本金。基本金的来源为：

1. 本会成立时首次募集的创始慈善基金；
2. 每年不定向募捐资金总额的20%划入基本金；
3. 定向募捐的专项基本金。

每年动用的基本金不得超出上一年度基本金的20%。基本金所产生的利息用于慈善事业，使用途径类同一般慈善资金。

（二）慈善会正常办公经费收入

1. 区财政核拨的本会工作办公室人员经费、日常公用经费和项目支出经费；

2. 正常办公经费产生的利息收入。

（三）会员活动经费收入

1. 按5%的比例从上一年度不定向募捐资金总额中提取；

2. 会员缴纳的会费；

3. 专项活动赞助费；

4. 政府资助；

5. 会员活动经费产生的利息收入。

三 资金收入管理

（一）慈善资金收入的管理

1. 凡收到社会各界捐赠的款（物），必须开具"广东省接受社会捐赠专用收据"给捐赠单位或个人；

2. 收到的捐赠款项，应按规定存入银行专户，专款专用；

3. 收到捐赠的物资要专人负责管理，及时验收入库，并按物资品种、数量及金额建立捐赠实物收支账册；

4. 慈善资金产生的利息收入与慈善资金统一管理，专款专用，不得挪作他用；

5. 建立慈善资金档案，永久保管。

（二）正常办公经费收入管理

正常办公经费收入管理按财政部门预算管理有关规定执行。

（三）会员活动经费收入管理

1. 凡收到会员会费，必须开具"广东省社会团体会费专用收据"给会员；

2. 凡收到会员专项活动赞助费，必须开具"广东省接受社会捐赠专用收据"给会员；

3. 会员活动经费应按规定存入银行专户，专款专用。

四 资金支出管理

（一）慈善资金财务支出管理

1. 定向捐款按捐赠人意愿实施；

2. 使用不定向捐款分级审批，权限如下：

使用不定向慈善资金200万元（含本数）以下由会长办公会审批；200

万元以上至 500 万元（含本数）以下由常务理事会审批；500 万元以上经理事会通过后方可使用。

（二）正常办公经费财务支出管理

1. 人员支出：在编人员的工资、奖金、福利待遇及劳动保护用品发放，按照事业单位有关标准执行；聘用人员的工资，由聘用单位参照主管部门相应标准执行；本会兼职人员不得在本会领取工资和享受劳保福利。

2. 日常公用和项目支出：日常公用和项目支出经费由本会工作办公室掌握使用。1000 元（含本数）以下由办公室主任审批；1000 元以上至 10000 元（含本数）以下由秘书长审批；10000 元以上至 30000 元（含本数）以下由区民政局局长兼任副会长审批；30000 元以上至 50000 元以下（含本数）由会长或常务副会长审批；50000 元以上由会长办公会审批。

（三）会员活动经费支出管理

1. 会员活动经费收入必须用于会员活动，不得在会员中分配；

2. 本会召开各种会议及组织有关活动预先编制预算，经会长审批后按预算执行；

3. 专项赞助费支出按赞助者的意愿执行；

4. 会员活动经费的审批权限：

5 万元（含本数）以下由常务副会长审批；5 万元以上至 10 万元（含本数）以下由会长审批；10 万元以上至 30 万元（含本数）以下由会长办公会审批；30 万元以上由常务理事会审批。

五　票据管理

（一）银行支票的管理

1. 出纳向开户银行购入转账支票和现金支票必须妥善保管，并做好辅助记录，将使用支票的号码登记在辅助账本上，以便备查；

2. 现金支票只限于出纳领用备用金及发放工资、奖金、劳务、酬金、助困资金等使用，其他一律不得领用现金支票；

3. 严格执行财务制度，遵守票据管理办法，不得填开空头支票。

（二）收据管理

1. 会计领购"广东省接受社会捐赠专用收据"必须做好连号登记，专柜妥善保管。财务应建立收据领、销、存登记簿，收据存根按规定交财政审验后，按会计档案规定管理，不得随意销毁；

2. 各联络点及有关工作人员领用收据应与会计办理领用手续，用完后凭存根联与会计办理核销。

六　财产物资管理

本会的财产分为固定资产、低值易耗品两大类。

（一）固定资产包括房屋及建筑物、专用设备、一般设备、文物和陈列品、图书和其他固定资产。单位价值在 500 元以上（含本数）、使用期在一年以上的物品列为固定资产。

（二）低值易耗品：指达不到固定资产条件、使用期限较短、更换比较频繁的物品。

上述两类财产分别由办公室和各联络点建立财产账册，财务建立总账定期进行盘点，核对账实是否相符，盘盈、盘亏必须查明原因，按《深圳市行政事业单位固定资产管理办法》规定报有关部门审批后做出相应处理。

七　捐赠物资的管理按《深圳市宝安区慈善会捐赠物资管理办法》执行。

八　慈善会可根据实际情况，对本制度进行补充和修改。

九　本制度未尽事宜按国家有关财务制度执行。

十　本制度由 2007 年 1 月 18 日第一届理事会全体会议通过执行。

三 关于资助宝安户籍困难居民重大疾病医疗暂行办法

为了发扬人道主义精神,关爱我区患重大疾病的户籍困难居民,适当资助医疗费用,根据宝安区慈善会章程,结合现行医疗保障制度、慈善资金筹集情况,制定本办法。

第一条 资助疾病种类

本办法所资助的重大疾病包括:

(一)进行手术治疗的急性心肌梗塞;

(二)脑血管意外导致的中枢神经系统永久性的功能障碍;

(三)深度昏迷;

(四)恶性肿瘤;

(五)重大器官移植术或造血干细胞移植术;

(六)慢阻肺、重症肺炎等呼吸系统疾病引起的呼吸衰竭;

(七)急性或亚急性重症肝炎;

(八)重症急性胰腺炎;

(九)严重肝硬化门静脉高压症;

(十)严重的 I 型糖尿病;

(十一)系统性红斑狼疮并发重度的肾功能损害;

(十二)终末期肾病;

(十三)严重的分娩并发症;

(十四)严重帕金森氏症;

(十五)重型再生障碍性贫血;

(十六)进行关节置换的退行性关节炎。

第二条 资助对象

家庭月人均收入低于我市最低工资标准 2 倍的居民。

第三条 资助条件

(一)资助对象因患本办法第一条规定的重大疾病在深圳市内社保定点医疗机构治疗,在市外医疗机构进行急诊或经本市三级医院、市级专科医院检查会诊推荐到市外医疗机构治疗;

(二)自费医疗费用达 1 万元以上(含 1 万元),或就诊医院出具医疗费用欠费 1 万元以上(含 1 万元)证明;

（三）最后费用发生日起一年内提出申请。

第四条　资助标准

（一）资助标准按自费医疗费的 25% 进行资助。

（二）每人每年累计最高资助限额为 6 万元。

（三）因同一疾病连续申请资助的，资助年限不超过 3 年。

第五条　经费来源

区慈善会募集的慈善金以及向社会定向募集的捐赠资金。

第六条　申请人

资助对象因患重大疾病需入院治疗或特定门诊治疗的，由其本人、监护人或其委托的亲属提出申请。如果本人不能正确表达意志，又没有监护人或监护人不履行监护职责的，由实际履行监护职责的单位或个人提出申请。

第七条　申请、核定程序

（一）申请人到户口所在地的社区工作站或居委会申请并携带以下资料：

1. 填写《深圳市宝安区慈善会户籍困难居民重大疾病医疗资助申请表》（一式二份）；

2. 医院诊断证明或出入院证明原件及复印件二份；

3. 资助对象和申请人的身份证、户口簿原件及复印件二份（申请人为监护单位的，须提供单位的营业执照或注册登记证书副本及复印件二份）；

4. 申请人在深圳范围内开户的中国银行存折或银行卡及复印件二份；

5. 医院出具的收费收据原件及复印件二份，欠费的需提交医院出具的欠费证明、费用明细清单原件及复印件二份；

6. 如医院出具的收费收据没显示社保扣费，并已到社保部门确认不能报销的，需提供收据原件，区慈善会收原件；

7. 如病情需自行购药的，需提供医生出具的自行购药证明。

（二）社区工作站或居委会初步核实后，报街道社会事务科审核，再由街道社会事务科送区慈善会审批。

（三）经核查决定给予资助的，由区慈善会委托宝安区慈善志工、社区工作人员将资助金送达资助对象本人或将资助金转入申请人的合法账户。

第八条　本办法由深圳市宝安区慈善会负责解释，并根据实际情况进行修改。

第九条　本办法从 2014 年 3 月 1 日起实施，原办法同时废止。

四　关于资助劳务工重大疾病医疗暂行办法

为了发扬人道主义精神，资助患重大疾病的劳务工，根据宝安区慈善会章程，结合现行医疗保障制度、慈善资金筹集情况，制定本办法。

第一条　资助疾病种类

本办法所资助的重大疾病包括：

（一）进行手术治疗的急性心肌梗塞；

（二）脑血管意外导致的中枢神经系统永久性的功能障碍；

（三）深度昏迷；

（四）恶性肿瘤；

（五）重大器官移植术或造血干细胞移植术；

（六）慢阻肺、重症肺炎等呼吸系统疾病引起的呼吸衰竭；

（七）急性或亚急性重症肝炎；

（八）重症急性胰腺炎；

（九）严重肝硬化门静脉高压症；

（十）严重的Ⅰ型糖尿病；

（十一）系统性红斑狼疮并发重度的肾功能损害；

（十二）终末期肾病；

（十三）严重的分娩并发症；

（十四）严重帕金森氏症；

（十五）重型再生障碍性贫血；

（十六）进行关节置换的退行性关节炎。

第二条　资助对象

资助对象必须同时符合下列条件：

（一）非深圳户籍；

（二）在深圳市宝安辖区的企业、中介机构、个体经济组织、民办非企业单位、社会团体、机关事业单位工作一年以上（含一年）；

（三）在工作期间患病的；

（四）个人月平均收入低于我市最低工资标准的2倍。

第三条　资助条件

（一）资助对象因患本办法第一条规定的重大疾病在深圳市内社保定点医疗机构治疗或经本市三级医院、市级专科医院检查会诊推荐到市外医疗机构治疗；

（二）自费医疗费用达 1 万元以上（含 1 万元），或就诊医院出具医疗费用欠费 1 万元以上（含 1 万元）证明；

（三）最后费用发生日起六个月内提出申请。

第四条　资助标准

（一）资助标准按自费医疗费用的 20% 进行资助。

（二）每人每年累计最高资助限额为 2 万元。

（三）因同一疾病连续申请资助的，资助年限不超过 3 年。

第五条　经费来源

区慈善会募集的慈善金以及向社会定向募集的捐赠资金。

第六条　申请人

资助对象因患重大疾病需入院治疗或特定门诊治疗的，由其本人、监护人或其委托的亲属提出申请。如果本人不能正确表达意志，又没有监护人或监护人不履行监护职责的，由实际履行监护职责的单位或个人提出申请。

第七条　申请、核定程序

（一）申请人到工作所在地的社区工作站或居委会申请并携带以下资料：

1. 填写《深圳市宝安区慈善会劳务工重大疾病医疗资助申请表》（一式二份）；

2. 医院诊断证明或出入院证明原件及复印件二份；

3. 资助对象和申请人的身份证原件及复印件二份（申请人为监护单位的，须提供单位的营业执照或注册登记证书副本及复印件二份）；

4. 居住证和所在工作单位证明（注明工作起止时间、是否办理社保、月收入情况）原件和有效的劳动合同及复印件二份；

5. 申请人在深圳范围内开户的中国银行存折或银行卡及复印件二份；

6. 医院出具的收费收据原件及复印件二份，欠费的需提交医院出具的欠费证明、费用明细清单原件及复印件二份；

7. 如医院出具的收费收据没显示社保扣费，并已到社保部门确认不能报销的，需提供收据原件，区慈善会收原件；

8. 如病情需自行购药的，需提供医生出具的自行购药证明。

（二）社区工作站或居委会初步核实后，报街道社会事务科审核，再由街道社会事务科送区慈善会审批。

（三）经核查决定给予资助的，由区慈善会委托宝安区慈善志工、社区工作人员送达资助对象本人或将资助金转入申请人的合法账户。

第八条　本办法由深圳市宝安区慈善会负责解释，并根据实际情况进行修改。

第九条　本办法从2014年3月1日起实施，原办法同时废止。

五 关于自然灾害和突发性重大事故救助暂行办法

为了发扬人道主义精神，帮助遭遇自然灾害和突发性重大事故的群众，宝安区慈善会设立突发性重大事故救助资金。根据宝安区慈善会章程，结合慈善资金筹集情况，制定本办法。

第一条 救助对象

在我区遭受自然灾害和突发性重大事故，人身、财产遭受重大危害，需要慈善救助的家庭或个人。

第二条 救助范围

（一）因自然灾害或者突发性重大事故导致家庭基本生活受到严重影响的，可以申请生活救助金。

（二）因自然灾害或者突发性重大事故受伤造成医疗费用负担过重的，可以申请医疗救助金。

第三条 救助条件

（一）须在深圳市内社保定点医疗机构或经本市三级医院、市级专科医院检查会诊推荐到市外医疗机构治疗；

（二）自费医疗费用达1万元以上；

（三）自然灾害或者突发性重大事故发生后六个月内提出申请。

第四条 救助标准

（一）对于生活救助金，每户只能申请一次，且救助金额不超过3000元。

（二）医疗救助金资助标准按自费医疗费的20%进行资助。

（三）对于医疗救助金，每人每年累计最高资助限额为2万元。

第五条 经费来源

区慈善会募集的慈善金以及向社会定向募集的捐赠资金。

第六条 申请人

申请生活救助金的，由受助家庭成年家属提出。资助对象需入院治疗和特定门诊治疗的，由其本人、监护人或其委托的亲属提出申请。如果本人不能正确表达意志，又没有监护人或监护人不履行监护职责的，由实际履行监护职责的单位或个人提出申请。

第七条 申请程序

（一）申请人到事故发生地的社区工作站或居委会申请并携带以下资料：

1. 填写《深圳市宝安区慈善会自然灾害和突发性重大事故救助金申请表》（一式二份）；

2. 所在街道发生事故的相关职能部门证明和医院诊断证明原件及复印件二份；

3. 救助对象和申请人的身份证原件及复印件二份（申请人为监护单位的，须提供单位的营业执照或注册登记证书副本及复印件二份）；

4. 医院出具的收费收据和费用明细清单原件及复印件二份；

5. 申请人在深圳范围内开户的中国银行存折或银行卡及复印件二份。

（二）社区工作站或居委会初步核实后，报街道社会事务办（科）审核，再由街道社会事务办（科）送区慈善会审批。

（三）由区慈善会直接将资助金转入申请人的合法账户。

（四）区慈善会在慈善金发放后两个工作日内通知街道社会事务科和社区工作站或居委会。

第八条 本办法由深圳市宝安区慈善会负责解释，并根据实际情况进行修改。

第九条 本办法从2009年10月1日起实施，原办法同时废止。

六 深圳市宝安区慈善会关于资助驻地困难官兵暂行办法

为巩固国防建设,密切军民军政关系,宝安区慈善会设立关爱驻地官兵资助金。根据宝安区慈善会章程,结合慈善资金筹集情况,制定本办法。

第一条 资助对象

(一) 中国人民解放军和武装警察部队驻我区部队官兵本人。

(二) 中国人民解放军和武装警察部队驻我区部队官兵的配偶、子女、父母。

第二条 资助范围

(一) 因自然灾害或者突发性重大事故导致家庭基本生活受到严重影响的,可申请生活资助金。

(二) 患以下疾病的,可申请医疗资助金:

1. 进行手术治疗的急性心肌梗塞;
2. 脑血管意外导致的中枢神经系统永久性的功能障碍;
3. 深度昏迷;
4. 恶性肿瘤;
5. 重大器官移植术或造血干细胞移植术;
6. 慢阻肺、重症肺炎等呼吸系统疾病引起的呼吸衰竭;
7. 急性或亚急性重症肝炎;
8. 重症急性胰腺炎;
9. 严重肝硬化门静脉高压症;
10. 严重的Ⅰ型糖尿病;
11. 系统性红斑狼疮并发重度的肾功能损害;
12. 终末期肾病;
13. 严重的分娩并发症;
14. 严重帕金森氏症;
15. 重型再生障碍性贫血;
16. 进行关节置换的退行性关节炎;
17. 其他重大疾病。

(三) 因战斗、抢险救灾、训练受伤的。

(四) 因战、因公牺牲的。

第三条 资助条件

（一）申请医疗资助的，其家庭月人均收入低于我区最低工资标准的2倍。

（二）申请医疗资助的，自费医疗费用1万元以上。

（三）发生医疗费用、自然灾害或突发性重大事故、受伤后一年内申请有效。

第四条 资助标准

（一）生活资助金，每户每年只能申请一次，资助金额不超过3000元。

（二）医疗资助的资助标准按自费医疗费用的20%进行资助。

（三）每人每年累计最高资助限额为2万元。

（四）因战斗、抢险救灾、训练造成严重受伤的，一次性资助5000元。

（五）因战、因公牺牲的，给予每人一次性资助5万元。

第五条 经费来源

区慈善会募集的慈善金以及向社会定向募集的捐赠资金。

第六条 申报程序

（一）申请人到驻区所在部队申请并提供以下资料：

1. 填写《深圳市宝安区慈善会关爱驻地官兵资助申请表》（一式二份）；

2. 医院诊断证明或出入院证明原件及复印件二份；

3. 资助对象和申请人的身份证、户口簿原件及复印件二份；

4. 医院出具的收费收据原件及复印件二份，欠费的需提交医院出具的欠费证明、费用明细清单原件及复印件二份；

5. 如医院出具的收费收据没有显示社保扣费，并已到社保部门确认不能报销的，需提供收据原件，区慈善会收原件；

6. 申请生活资助的，提供事故发生地所在乡镇或街道的相关证明材料。

（二）部队官兵的配偶、子女、父母申请的，需资助对象户口所在地乡镇人民政府或街道办事处的民政部门和武装部门初步核实后报申请人所在部队；

（三）经部队团级政治处审核后，送区慈善会审批；

（四）由区慈善会直接将资助金转入申请人所在部队提供的账户。

第七条 本办法由深圳市宝安区慈善会负责解释，并根据实际情况进行修改。

第八条 本办法从2015年3月1日起实施，原办法同时废止。

七 关于困难群众个案救助暂行办法

为了发扬人道主义精神，扩大慈善救助覆盖面，帮助更多遭遇不幸的困难群众，宝安区慈善会设立个案救助资金。根据宝安区慈善会章程，结合慈善资金筹集情况，制定本办法。

第一条 救助对象

遭遇重大突发性事件或身患绝症危及生命、需要慈善救助的困难群众。

第二条 救助范围

遭遇重大突发性事件造成生活困难或身患绝症危及生命并造成医疗费用负担过重的，且不符合本会其他救助办法规定的救助范围的，可申请个案救助。

第三条 救助标准

救助金为 3000 元至 10000 元。

第四条 经费来源

区慈善会募集的慈善金以及向社会定向募集的捐赠资金。

第五条 申请人

救助对象申请救助的，原则上由其本人自行提出申请；如救助对象确因特殊原因无法自行提出申请的，可由其监护人或者其委托的亲属提出。如果本人不能正确表达意志，又没有监护人或监护人不履行监护职责的，由实际履行监护职责的单位或个人提出申请。

第六条 申请、核定程序

（一）申请人到户籍所在地、工作单位所在地或事故发生地的社区工作站或居委会申请并携带以下资料：

1. 填写《深圳市宝安区慈善会关于个案救助申请表》（一式二份）；

2. 相关职能部门提供的事故证明或医院诊断证明原件及复印件二份；

3. 救助对象和申请人的身份证原件及复印件二份（申请人为监护单位的，须提供单位的营业执照或注册登记证书副本及复印件二份）。

（二）区慈善会志工调查意见。

（三）经核查决定给予救助的，由区慈善会委托社区慈善志工直接将救助金送达救助对象本人。

第七条 本办法由深圳市宝安区慈善会负责解释，并根据实际情况进行修改。

第八条 本办法从 2014 年 3 月 1 日起实施。

八　宝安区慈善捐赠箱管理暂行办法

为了推进宝安慈善事业的发展，弘扬博爱精神，在群众中树立乐善好施、助人为乐的新风尚，宝安区慈善会决定在商场、银行、酒店、机场、车站、医院等人员聚集的地方放置一批慈善捐赠箱。慈善捐赠箱管理办法如下：

第一，捐赠箱由宝安区慈善会统一制作，免费发放。设箱单位负责日常管理。

第二，捐赠箱由设箱单位到宝安区慈善会申领，区慈善会统一安装并备案。其他组织、单位、部门和个人不得在公共场所自行以宝安区慈善会的名义设立慈善捐款箱。

第三，捐赠箱应保持清洁、亮丽，图案及字体不得有污损现象发生；捐赠箱如发生损坏或丢失现象，设箱单位要查明原因和责任并立即向宝安区慈善会报告，以便采取相应措施。

第四，宝安区慈善会和设箱单位定期开启慈善捐赠箱，清点后双方当事人签名确认。

第五，捐赠箱内的善款属设箱单位的捐赠款，统一入宝安区慈善会账户。宝安区慈善会开具"广东省接受社会捐赠专用收据"。

第六、本办法由宝安区慈善会负责解释。

第七、本办法自印发之日起实施。

九　宝安区慈善会志工管理办法

为了让更多的志愿者参与慈善活动，宣传慈善，送达关爱，传播文明，推动宝安区慈善事业的健康发展，弘扬社会主义道德风尚，促进社会和谐，结合本区的实际情况，制定本办法。

第一条　本办法所称的慈善志工，是指出于奉献、友爱、互助和社会责任，经过志愿登记，无偿地以自己的时间、精力和技能参与慈善活动的慈善志愿工作者。

第二条　慈善志工服务活动遵循自愿、合法、诚信、节俭和非营利性的原则。

第三条　慈善志工服务范围包括助老扶弱、扶贫济困、支教助学、环境保护、社区服务以及其他社会慈善公益活动。

第四条　宝安区慈善会委托宝安区义工联负责组织、协调本区慈善志工服务活动。

第五条　慈善志工需具备下列条件：
（一）从事慈善志工服务的人员应当向宝安区义工联申请登记；
（二）富有爱心，自愿从事慈善公益服务；
（三）具有相应的民事行为能力；
（四）具有符合慈善公益服务活动要求的身体条件；
（五）具有相应的服务能力。

第六条　慈善志工享有如下权利：
（一）自愿加入或者退出；
（二）参加宝安区慈善会开展的服务活动；
（三）要求获得慈善志工服务必需的条件和必要的保障；
（四）请求宝安区慈善会和宝安区义工联帮助解决在服务期间遇到的实际困难；
（五）对宝安区慈善会提出建议、批评与监督；
（六）有困难时优先得到宝安区慈善会的救助。

第七条　慈善志工履行下列义务：
（一）遵守本办法的规定；
（二）不得向服务对象收取报酬或者借钱、借物，谋取其他利益；
（三）在服务期间不得接受服务对象的捐赠；

（四）对服务对象的隐私予以保密；

（五）不得以宝安区慈善会和宝安区义工联的名义组织或者参与违反慈善志工服务原则的活动。

第八条　慈善志工须在宝安区慈善会协调宝安区义工联的安排下开展服务，完成服务工作。

第九条　未经宝安区慈善会和宝安区义工联同意，任何单位和个人不得以慈善志工联名义开展活动。

第十条　宝安区慈善会和宝安区义工联须保障慈善志工在服务期间的合法权益。

第十一条　慈善志工在从事服务期间应当佩戴统一的慈善志工服务标志。

第十二条　宝安区义工联应当建立慈善志工考核和表彰制度。

第十三条　宝安区慈善会和宝安区义工联建立服务时间累计和绩效评价等具体制度作为考核、表彰慈善志工的依据。

第十四条　冒用宝安区慈善会的名义、标志和有关资料进行违法活动的，宝安区慈善会有权要求有关机关依法追究其相应的法律责任。

第十五条　本办法由宝安区慈善会根据需要进行修改。本办法由宝安区慈善会负责解释。

十　深圳市宝安区慈善会慈善公益项目管理暂行办法

为拓展救助渠道，创新救助方式，提高慈善救助的针对性，惠及更多困难群众，深圳市宝安区慈善会（以下称"区慈善会"）每年在全区招募及实施慈善公益项目。为加强和规范慈善公益项目的管理，结合我区实际，制定本办法。

第一条　本办法所称的慈善公益项目是指由面向申请单位招募的、在宝安辖区内实施的安老、扶孤、助学、助医、助残、济困等慈善项目。

第二条　申请单位应为下列机构之一：

（一）在宝安区依法登记成立的社会福利机构；

（二）在宝安区依法登记注册的慈善公益类社会组织。

第三条　实施慈善公益项目的经费来源为区慈善会募集的慈善金以及向社会定向募集的捐助资金。其中，定向募集的资金只能用于相应项目。

第四条　实施标准：

（一）每年招募实施的慈善公益项目数量不超过10个；

（二）每个慈善公益项目资金不超过20万元（含20万元）。

第五条　申请程序：

（一）区慈善会公开发布招募慈善公益项目公告。

（二）符合条件的申请机构需自行到区慈善会申请并提交以下材料：

1. 慈善公益项目呈报表；

2. 可行性研究报告（包括项目的背景、必要性、可行性，规模和功能，社会效益预测等）；

3. 所申请慈善公益项目资金管理办法；

4. 申请机构登记证书原件及复印件；

5. 法定代表人身份证原件及复印件；

6. 承诺按规定使用资金的承诺书。

（三）区慈善会召开慈善公益项目评审会，在宝安区内媒体和区慈善会网站上对通过评审的项目进行公示。

（四）区慈善会与慈善公益项目实施单位签订协议书，并根据项目的实施进度拨付资金。

第六条　区慈善会定期对慈善公益项目资金的使用情况进行监督检查，对违反规定使用资金的，立即停止拨款，并责令实施单位整改，整改合格的，继续予以拨付资金；经整改仍未达到有关要求的，责令实施单位返还违规使用的资金，并终止该项目。

第七条 对于曾因违规使用资金被终止实施项目的机构，区慈善会今后不再受理该机构的慈善公益项目的申请。

第八条 区慈善会对慈善公益项目资金的使用情况定期进行公布。每年度项目结束后，委托第三方机构对项目资金情况进行审计并公布审计结果，接受社会监督。

第九条 本办法由区慈善会负责解释和修改。

第十条 本办法从公布之日起实行。

十一 深圳市宝安区慈善会定向捐赠管理暂行办法

为规范深圳市宝安区慈善会（以下称"区慈善会"）接受和实施定向捐赠，依照《中华人民共和国公益事业捐赠法》和《深圳市宝安区慈善会章程》的相关规定，制定本办法。

第一条 本办法所称定向捐赠是指捐赠方通过向区慈善会捐赠款项并资助特定对象而实施的慈善活动。在实施定向捐赠的过程中，区慈善会以受赠方的身份按照捐赠方的意愿，直接将捐赠款拨付捐赠方指定的资助对象，并负责监督落实捐赠款的实际使用。

第二条 定向捐赠遵循合法、自愿、无偿的原则。

第三条 捐赠方的捐赠款必须是合法的、有处分权的。区慈善会接收的定向捐赠款主要包括现金、支票、汇票等。

第四条 捐赠方约定捐赠款的用途以及资助对象，必须符合区慈善会章程和业务范围。

第五条 捐赠方负责提供指定资助对象的相关资料，确保资助对象符合相关法律法规的规定，由此产生的法律责任由捐赠方承担。

第六条 区慈善会接收定向捐赠工作程序：

（一）区慈善会和捐赠方就捐赠金额、捐赠用途、资助对象等方面达成捐赠共识；

（二）区慈善会和捐赠方确定捐赠协议内容，由捐赠方、受赠方和资助对象签署定向捐赠三方协议；

（三）捐赠方在定向捐赠三方协议签署之日起5日内，将定向捐赠款项转入区慈善会慈善金账号，或将支票、汇票交付区慈善会，由区慈善会办理收款手续；

（四）区慈善会在收到定向捐赠款后，在5个工作日内向捐赠方开具"广东省公益事业捐赠专用收据"；

（五）区慈善会按照捐赠方意向，将捐赠款拨付指定账号或按照捐赠方的意愿使用捐赠款。

第七条 区慈善会应尊重捐赠方的意愿，及时将捐赠款使用于捐赠方约定用途和资助对象，不得擅自更改资助对象及用途。

第八条 区慈善会按捐赠方意愿拨付定向捐赠款后须记录在案，接受捐赠方的监督。

第九条　为提高定向捐赠项目的实施效率，定向捐赠项目由会长审批。

第十条　因项目执行中发生的相关费用，由捐赠方承担。

第十一条　在定向捐赠项目的实施中，资助对象需定期向区慈善会报告项目执行情况，捐赠款金额超过 50 万元（含 50 万元）的，区慈善会需派人对项目实施情况进行核实，并向捐赠方通报定向捐赠款的使用情况。

第十二条　本办法未尽事宜，依据《中华人民共和国公益事业捐赠法》等相关法律法规的规定办理。

第十三条　本办法由区慈善会负责解释和修改。

第十四条　本办法自 2014 年 7 月 1 日起执行。

十二　深圳市宝安区慈善会冠名基金管理办法（试行）

第一条　为拓宽募捐渠道，搭建凝聚爱心的平台，鼓励和宣传各企事业单位、行业协会慈善捐赠活动，根据《中华人民共和国公益事业捐赠法》、国务院《基金会管理条例》、《深圳市宝安区慈善会章程》等有关规定，制定本管理办法。

第二条　冠名基金

慈善冠名基金是指由捐赠方在本会设立的以捐赠单位或捐赠人的称谓和慈善公益项目名称命名的基金。凡热心于慈善事业、自愿向本会捐赠善款的单位、个人（家庭），均可在本会设立慈善冠名基金。

第三条　冠名基金设立

1. 基金捐赠方拥有该基金冠名权。基金名称亦可根据捐赠方意愿，由本会与捐赠方商定。

2. 基金的设立金额标准

（1）单位和个人设立基金，金额应不低于 30 万元（含 30 万元）；

（2）社区设立基金，金额应不低于 10 万元（含 10 万元）。

3. 捐赠方与本会就冠名基金的使用意向、监督管理方式等内容签订书面协议。

4. 捐赠方根据协议将首批（或全部）资金注入本会后，该基金即正式成立。在协议期内捐赠方不能按时足额注入资金的，由本会书面通知该基金，如在接到通知后一个月内没有足额注入资金的，本会将该基金的余额转入日常性捐赠，撤销该笔基金。

5. 本会努力整合慈善资源，积极探索、设立慈善基金新渠道，按照合法、安全、有效的原则，力争善款投资保值增值。

第四条　冠名基金的使用

1. 慈善冠名基金应主要用于助学、助困、助医、助老、助孤、助残、救灾等慈善救助项目和符合我会章程规定的其他社会公益项目。

2. 慈善冠名基金的使用由基金捐赠方审批，由本会根据《深圳市宝安区慈善会章程》拨付资助款。

第五条　冠名基金运作经费

本会设立的基金收益和增值部分用于慈善公益事业。

第六条　冠名基金的管理

慈善冠名基金由本会设置专账，对基金注入、使用、变更、撤销等进行专项管理。慈善冠名基金系专项核算基金，不具独立法人性质。

第七条 冠名基金的监督

对基金的使用管理情况，本会定期向理事会或常务理事会报告，并接受审计机构的审计，捐赠人、受助人和社会的监督。

第八条 冠名基金的奖励措施

1. 本会向捐赠方开具捐赠专用收据，凭此收据依照法律、法规享受企业（个人）减免税优惠政策。

2. 对设立基金的捐赠方之善举和爱心，本会将通过各级新闻媒体和深圳市宝安区慈善会网站等进行宣传报道。

3. 尊重捐赠者的意愿和个人隐私权，根据其意见适当向社会宣传。

第九条 本办法自2015年5月1日起正式实施，有效期3年。本办法的修改权、解释权属本会所有。

十三　深圳市宝安区慈善会专项资金管理暂行办法

为拓宽募捐渠道，搭建凝聚爱心的平台，鼓励和宣传各企事业单位、行业协会慈善捐赠活动，根据《中华人民共和国公益事业捐赠法》、《基金会管理条例》和《深圳市宝安区慈善会章程》等有关规定，制定本管理办法。

第一条　专项资金的定义

慈善专项资金是指由捐赠方在本会设立的以捐赠单位或捐赠人的称谓或公益慈善项目名称命名的资金。凡热心于慈善事业、自愿向本会捐赠善款的单位、个人（家庭），均可在本会设立慈善专项资金。

第二条　专项资金的设立

（一）资金捐赠方拥有该资金冠名权。资金名称亦可根据捐赠方意愿，由本会与捐赠方商定。

（二）捐赠方与本会就专项资金的使用意向、监督管理方式等内容签订书面协议。

（三）捐赠方将资金注入本会后，该专项资金即正式成立。

（四）本会按照合法、安全、有效的原则，努力整合慈善资源，积极探索、设立慈善专项资金新渠道。

第三条　专项资金的使用

（一）慈善专项资金应主要用于助学、助困、助医、助老、助孤、助残、救灾等符合我会章程规定的公益慈善项目。

（二）慈善专项资金的使用由捐赠方审批，本会根据双方协议拨付资助款。

第四条　专项资金的管理

慈善专项资金由本会设置专账，对资金注入、使用、变更、撤销等进行专项管理。慈善专项资金系专项核算资金，不具独立法人性质。

第五条　专项资金的监督

专项资金的使用管理情况，定期向理事会或常务理事会报告，并接受审计机构的审计，捐赠人、受助人和社会的监督。

第六条　专项资金的注销

（一）捐赠方可向本会申请注销专项资金，未使用完的资金转入本级慈善金。

（二）专项资金使用完毕，三个月内无后续资金注入，本会予以注销。

第七条　本办法由深圳市宝安区慈善会负责解释，并根据实际情况进行修改。

第八条　本办法自 2016 年 4 月 1 日起正式实施。

参考文献

[1] Ansell. Gash, "Collabora the Goverance in Theory and Practice," *Journal of Public Administration Research and Theory*, 2008 (18).

[2] Benjamin Gidron, Lester M. Salamon, *Government and the Third Sector*, Jossey-Bass Publishers, 1992.

[3] Cathy Clark, Jed Emerson, Ben Thornley, "The Impact Investor: People & Practices Delivering Exceptional Financial & Social Returns: The Need for Evidence and Engagement," https://centers.fuqua.duke.edu/case/knowledge_items/the-impact-investor-people-and-practices-de-livering-exceptional-financial-and-social-returns-the-need-for-evidence-and-engagement/, 2012.3.

[4] Coston J. M., "A Model and Typology of Government-NGO Relationships," *Nonprofit and Voluntary Sector Quarterly*, 1988 (27).

[5] Dennis R. Young, "Alternative Models of Government-Nonprofit Sector Relations: Theoretical and International Perspectives," *Nonprofit and Voluntary-Sector Quarterly*, 2000 (29).

[6] Jessica C. Teets, "Independence and Mother-in-Laws: The Effect of MoCA Regulations on Civil Society Autonomy in China," Paper presented for American Political Science Association Meeting 2009, September 4th, 2009, Toronto, Canada.

[7] J. Gregory Dees, "Taking Social Entrepreneurship Seriously," *Society*, 2007 (2).

[8] James J. Fishman, "The Nonprofit Sector: Myths and Realities," *New York City Law Review*, 2006 (9).

[9] Kang Xiaoguang, Hart Heng, "Administrative Absorption of Society: A Further Probe into the State-Society Relationship," *Social Sciences in China*, 2007.

[10] Margaret M. Pearson, *China's New Business Elite: The Political Consequences*

of Economic Reform, University of California Press, 1997.

[11] Najam A. , "The Four Cs of Third Sector Government Relations: Cooperation, Confrontation, Complementarity and Coopertation," *Nonprofit Management & Leadership*, 2000 (10).

[12] Philip Kotler, Karen Fox, *Strategic Marketing for Educational Institutions*, Prentice Hall, 1985.

[13] Peter D. Hall, "A Historical Overview of Philanthropy, Voluntary Associations, and Nonprofit Organizations in the United States, 1600 – 2000," in W. W. Powell & R. Steinberg, eds. , *The Nonprofit Sector: A Research Handbook*, Yale University Press, 2006 (2).

[14] Robert A. Gross, "Giving in American: From Charity to Philanthropy," in Lawrence J. Friedman, Mark D. Mcgarvie, eds. , *Charity, Philanthropy and Civility in American History*, Cambridge University Press, 2003.

[15] 〔爱尔兰〕埃德蒙·伯克:《反思法国大革命》,张雅楠译,上海社会科学院出版社,2014。

[16] 〔美〕戴维·奥斯本、特德·盖布勒:《改革政府——企业家精神如何改革着公营部门》,周敦仁等译,上海译文出版社,1998。

[17] 〔美〕杰弗里·亚历山大编《迪尔凯姆社会学》,戴聪腾译,辽宁教育出版社,2001。

[18] 〔匈牙利〕卡尔·波兰尼:《大转型:我们时代的政治与经济起源》,冯钢、刘阳等译,浙江人民出版社,2007。

[19] 〔美〕罗伯特·A. 达尔:《现代政治分析》,王沪宁、陈峰译,上海译文出版社,1987。

[20] 〔美〕塞缪尔·P. 亨廷顿:《变化社会中的政治秩序》,王冠华等译,三联书店,1989。

[21] 〔法〕卢梭:《社会契约论》,何兆武译,商务印书馆,2016。

[22] 〔美〕莱斯特·M. 萨拉蒙:《非营利部门的兴起》,何增科译,载于何增科主编《公民社会与第三部门》,社会科学文献出版社,2000。

[23] 〔俄〕谢·卡拉-穆尔扎:《论意识操纵》,徐昌翰等译,社会科学文献出版社,2004。

[24] 陈晓春:《非营利组织经营管理》,清华大学出版社,2012。

[25] 陈家喜:《改革时期中国民营企业家的政治影响》,重庆出版社,2007。

[26] 党生翠:《慈善组织信息公开的新特征:政策研究的视角》,《中国行政管理》2015年第2期。

[27] 符平:《市场的社会逻辑》,上海三联书店,2013。

[28] 贺立平:《让渡空间与拓展空间——政府职能转变中的半官方社团研究》,中国社会科学出版社,2007。

[29] 侯利文:《被困的慈善:慈善组织公信力缺失及其重建》,《天府新论》2015年第1期。

[30] 金耀基:《行政吸纳政治——香港的政治模式》,载于金耀基《中国政治与文化》,(香港)牛津大学出版社,1997。

[31] 贾西津、王名:《中国NGO的发展分析》,《管理世界》2008年第2期。

[32] 康晓光等:《依附式发展的第三部门》,社会科学文献出版社,2011。

[33] 刘继同:《转型期中国政府与慈善机构关系的战略转变》,《甘肃理论学刊》2007年第1期。

[34] 刘鹏、孙燕茹:《走向嵌入型监管:当代中国政府社会组织管理体制的新观察》,《经济社会体制比较》2011年第4期。

[35] 潘屹:《慈善组织、政府与市场》,《学海》2007年第6期。

[36] 田凯:《西方非营利组织理论述评》,《中国行政管理》2003年第6期。

[37] 王名、李勇、黄浩明:《英国非营利组织》,社会科学文献出版社,2009。

[38] 王诗宗、宋程成:《独立抑或自主:中国社会组织特征问题重思》,《中国社会科学》2013年第5期。

[39] 吴昊:《中国慈善组织的模式分析与发展道路研究》,硕士学位论文,浙江大学,2013。

[40] 徐永光:《中国第三部门的现实处境及我们的任务》,载中国青少年发展基金会编《中国青少年发展基金会:处于十字路口的中国社团》,天津人民出版社,2001。

[41] 许姝:《中国官办慈善组织转型研究》,博士学位论文,上海交通大学,2012。

[42] 杨思斌、李佩瑶:《慈善组织的概念界定、制度创新与实施前瞻》,《河北大学学报》(哲学社会科学版)2016年第9期。

[43] 俞可平:《中国公民社会的制度环境》,北京大学出版社,2006。

[44] 杨团:《中国慈善机构一瞥》,《中国社会工作》1998年第1期。

［45］郁建兴、任泽涛：《当代中国社会建设中的协同治理——一个分析框架》，《学术月刊》2012年第8期。

［46］郑功成：《关于慈善事业的组织与运作》，《学海》2005年第2期。

［47］周秋光、曾桂林：《中国慈善简史》，人民出版社，2006。

图书在版编目(CIP)数据

基层慈善改革创新实践：深圳市宝安区慈善会十年探索/何华兵等著. -- 北京：社会科学文献出版社，2017.3
（现代慈善改革丛书）
ISBN 978-7-5201-0375-6

Ⅰ.①基… Ⅱ.①何… Ⅲ.①慈善事业-组织机构-研究-宝安区 Ⅳ.①D632.1

中国版本图书馆 CIP 数据核字（2017）第 031858 号

·现代慈善改革丛书·

基层慈善改革创新实践
——深圳市宝安区慈善会十年探索

著　　者 / 何华兵 等

出 版 人 / 谢寿光
项目统筹 / 曹义恒
责任编辑 / 曹义恒　岳梦夏

出　　版 / 社会科学文献出版社·社会政法分社（010）59367156
　　　　　 地址：北京市北三环中路甲29号院华龙大厦　邮编：100029
　　　　　 网址：www.ssap.com.cn
发　　行 / 市场营销中心（010）59367081　59367018
印　　装 / 北京季蜂印刷有限公司

规　　格 / 开　本：787mm×1092mm　1/16
　　　　　 印　张：11.75　字　数：194千字
版　　次 / 2017年3月第1版　2017年3月第1次印刷
书　　号 / ISBN 978-7-5201-0375-6
定　　价 / 59.00元

本书如有印装质量问题，请与读者服务中心（010-59367028）联系

▲ 版权所有 翻印必究